EMPRENDE
MEJOR

El mundo cambió radicalmente,
la forma de hacer las cosas también

EMPRENDE *MEJOR*

El mundo cambió radicalmente,
la forma de hacer las cosas también

Rodrigo Weiberlen

Beta

EMPRENDE MEJOR

Colaboradores invitados:
Cora Fassina, España
John Freddy Vega, Colombia
Giselle Della Mea, Uruguay
Marina Ponzi, Argentina
Os Sánchez, Paraguay
Pablo Reyes, Chile
Daniel Fernández, Chile
Valentina Forno, Bolivia

Equipo técnico:
Estrategia editorial : Walter Giu, Argentina
Dirección editorial : Juan Bossi, Argentina
Editor : Mariano Darrigo, Argentina
Comunicación : Guillermo Ramírez, Paraguay
Diseño de tapa : Santi Valdez, Paraguay
Diseño editorial : Diego Méndez, Paraguay
Ilustraciones: Rafael Ferrao, Paraguay
Creatividad : Marce Rodríguez, Paraguay

Project manager: Federica Sierra, Paraguay
Corrección de estilo : Lourdes Morales, Venezuela
Maquetación : Ernesto Cova, Argentina
Coordinación de maquetación : Lourdes Morales, Venezuela
Oniria/TBWA, Paraguay

Colaboraciones y correcciones:
Pao Delvecchio
Jorge Angulo
Santi Campos Cervera
Karen Winekker
Josefina Bauer
Gabriela Lozoya
Enrique Cosp
Marta del Castillo
Andrés Silva
Andre Burt
Liz Ramírez

Agradecimientos

A Pao, por acompañar este camino, una vez más, como tantos otros.

A Bruno, Emma, Erich y Anna, por inspirarme a compartir esto.

A mamá, papá, mi familia toda, por haber sembrado la semilla y cultura del emprender. A tío Carlitos, por ese libro tan oportuno. A Hepo (†), por la inspiración y consejos iniciales para mi carrera.

A Camilo, Juanma, Dani, Jorge, Javier, Fidu, Bruno, Marta, Liz, Hermes, Belu, Gaby, Sebas, Fabio, Andrés, Santi, Pablo, Artu, Sergio, Emi, Laucha y tantos otros, que más que socios en emprendimientos son socios en sueños con propósitos desafiantes.

A maestros de distintos momentos, Walter Bastos, Rubén Mujica, Andrés Silva, Liz Ramírez, Víctor González Acosta, Jorge Talavera, María Irene Gavilán, José Antonio Galeano, por sus aportes invaluables a mi vida personal y profesional.

A organizaciones como Sistema B, ASELA (Asociación de Emprendedores de Latinoamérica), ASEPY (Asociación de Emprendedores de Paraguay), comunidades Singularity U Asunción Chapter, Comunidad de EXO, Universidad Politécnica de Madrid, DINAEM (Dirección Nacional de Emprendedurismo), Colegio de Ingenieros de Madrid, Impact Hub Madrid, Impact Hub Ámsterdam, Aurora Lab Tech, por compartir conocimiento, redes y el apoyo en difusión.

A la comunidad Beta, compañeros de esta historia desde distintos lugares y momentos. Pedro, Cora, María, Marcela, Flor y Mario, Bibi, Tatiana Glad, Pablo Reyes, Dioselinda... y tantos otros que creyeron que esto se podía crear cuando aún era una idea.

Al *team* Beta, Hermes, Belu, Juanma, Liz, Gisse, Carlitos, Fabio, un lujo de personas. Gracias por el «atropellaje». Sin ustedes este viaje hubiese sido impensable.

Índice

Agradecimientos 9

Prólogo: La travesía de emprender 13

Introducción 19

Capítulo 1: El poder del emprendimiento 23

Capítulo 2: Emprender en la actualidad 43

Capítulo 3: Las fuerzas del cambio 63

Capítulo 4: El valor de las ideas 81

Capítulo 5: Emprender mejor 93

Capítulo 6: Contexto 113

Capítulo 7: Corazón 129

Capítulo 8: Cerebro 141

Capítulo 9: Cuerpo 155

Capítulo 10: Identidad 169

Capítulo 11: Alma 181

Capítulo 12: Manos a la obra 193

Capítulo 13: Emprender en comunidad 203

Conclusión 213

Sobre el autor 215

Prólogo

La travesía de emprender

Tal vez el mayor emprendimiento en la historia de la humanidad —junto con el primer viaje tripulado a la luna— haya sido la expedición de Magallanes buscando un paso navegable por América hacia las Indias Orientales. Envuelta por la vibrante épica de la conquista, la misión logró su objetivo comercial, tras enfrentar desafíos inimaginados. ¿Fue este un emprendimiento exitoso? Sí, desde el punto de vista del objetivo y la rentabilidad; no, desde el punto de vista del sacrificio en vidas humanas. Se logró encontrar el paso (el estrecho de Magallanes), se llegó a las Indias Orientales desde el Atlántico, y el cargamento de clavo de olor, nuez moscada y otras especias generó ganancias varias veces superiores al costo monetario de la expedición —amén de la anexión de territorios conquistados— aún después de 3 años de viaje y habiendo perdido 4 de las 5 naves que zarparon. De 250 tripulantes, solo 18 regresaron; la mayoría murió y otros abandonaron la expedición en el trayecto.

El filósofo colombiano Estanislao Zuleta señala que *«el estudio de la vida social y de la vida personal nos enseña cuán próximos se encuentran una de otro la idealización y el terror. La idealización del fin, de la meta y el terror de los medios que procurarán su conquista»*.

De las expediciones de los navegantes del siglo XVI emerge una hebra que habrá de configurar, posteriormente, la mentalidad propia de la Revolución Industrial: el logro. En un mundo dominado por la fuerza de la espada y la fe de la cruz, comienza a surgir el éxito como generador de reconocimiento y premio. La búsqueda del logro constituye un motivador esencial de la actividad emprendedora, pero este empeño conlleva una tensión que ha de persistir hasta nuestros días, entre el afán de éxito, por una parte, y un sistema de reglas que asegure un sano marco para el emprendimiento, por la otra. La incorporación en el emprendimiento de valores como la sensibilidad con las personas y el cuidado del medioambiente aflora hacia finales del siglo XX, cuando comenzamos a dejar atrás el mecanicismo para concebirnos como parte de un ecosistema.

¿Qué significa emprender hoy? El emprendimiento moderno sigue siendo una travesía guiada por una épica (el propósito), utiliza recursos, requiere enfrentar desafíos y busca un resultado. Pero, a diferencia de hace siglos, entendemos que el fin no puede justificar los medios.

Volvamos por un momento a la historia. En 1522 se completa la expedición de Magallanes y Elcano, y en 1602 se crea la Compañía Neerlandesa de las Indias Orientales, la primera multinacional del mundo, inaugurando las empresas con accionistas y reportes de ganancias. La expansión de la navegación transformó molinos de Holanda —creados para extraer agua de terrenos inundados— en aserraderos de energía eólica que proveyeron la madera para construir embarcaciones, mediante contratos de largo aliento. En 1609 se fundó en Ámsterdam el primer banco central del mundo. Comienza la economía moderna y nace el marco de emprendimiento para las grandes corporaciones. Desde allí a las *startups* y las empresas B habría un largo recorrido, muchas vueltas al mundo después.

El emprendimiento es un proceso que procura la superación de la dificultad para el logro de un objetivo que obedece a un propósito. Si el objetivo estuviera a la mano, no habría dificultad. Sin dificultad, no habría emprendimiento. Sin emprendimiento, no habría desarrollo ni bienestar.

Así entendido, el emprendedor es un sujeto desafiado por la dificultad para el logro de un objetivo que obedece a un propósito. Pero ni los propósitos, ni las dificultades, ni la forma de enfrentarlas han sido siempre las mismas. El mundo ha cambiado aceleradamente; el contexto es otro y requerimos nuevos propósitos, emprendimientos innovadores y emprendedores adaptativos. En plena transición evolutiva de la era industrial a la era cognitiva, nos enfrentamos al desafío de aprender a emprender en la complejidad, es decir, en un contexto volátil y holístico. Las disrupciones tecnológicas, sociales, biológicas y ambientales se suceden unas a otras, se retroalimentan a escala global, no dejan respiro, nos resultan vertiginosas.

En *Ingeniería de intangibles* (1997), Josep Burcet analiza la evolución de la *indeterminación*, es decir, el aumento en la frecuencia de eventos en los que no existe una evidencia clara de lo que hay que hacer. Los conceptos de *indeterminación y variabilidad* parecen más funcionales para comprender los tiempos modernos que «incertidumbre», un estado vivenciado como desorientación. No obstante, la incertidumbre es, finalmente, una liberación: nos despoja de las certezas que nos ciegan e inhiben, de los *paradigmas encadenantes* que nos aferran al «siempre lo hemos hecho de este modo», tan disfuncional a la innovación. «La posibilidad de innovar siempre está ahí, si uno está dispuesto a reflexionar, a soltar la certidumbre», nos dice Humberto Maturana.

Las certezas fueron propias de la Revolución Industrial. La nostalgia por las certezas alimenta el disparate de llamar a nuestra era «la posverdad», como si antes hubiéramos acuñado «verdades verdaderas». Soltando las certezas nos abrimos hacia *paradigmas habilitantes* de nuevas posibilidades en un contexto ágil, volátil e indeterminado. Aprovechémoslo en nuestro favor, naveguemos en él, dejémonos llevar.

La expansión de la comunicación ubicua y simultánea para la mayor parte de la población mundial ha cambiado radicalmente el enfoque del emprendimiento, lo ha hecho mucho más viable y accesible, lo ha horizontalizado. El *efecto red* es la base de expansión del negocio que habremos de emprender. Para escalar nuestro emprendimiento es más importante la amplitud de la red de conexiones que la incorporación de nuevos activos, a diferencia de lo que solía ocurrir en plena era industrial. Hoy, los emprendimientos *asset-light* son los que escalan más rápidamente. El COVID-19 ha actuado como un acelerador de este fenómeno, al propiciar una mayor intensidad en el uso de los medios digitales.

Una dificultad fundamental que enfrentamos para dar cuenta de los nuevos desafíos radica en que la capacidad cognitiva humana para abordar la complejidad de los eventos globales de gran escala —como la epidemia de COVID-19— evoluciona más lentamente que la emergencia de las disrupciones. Estamos preparados para un progreso lineal con escalones incrementales, pero no para saltos cuánticos que en la mayor parte de los casos provienen desde fuera de nuestro ámbito industrial o de negocios, como ocurre con la actual disrupción biológica.

Así las cosas, comprender los cambios evolutivos que emergen en la sociedad, la economía y los negocios es muy relevante para el emprendimiento. Las posibilidades de incorporarlos y potenciarlos en beneficio de los consumidores, clientes y usuarios dependerán de la capacidad cultural de adaptación del emprendedor. Necesitamos cambiar nuestra mentalidad, evolucionar en nuestro sistema de paradigmas.

En nuestra América Latina, el emprendimiento consciente será esencial para cambiar el enfoque de desarrollo desde las industrias extractivas y agropecuarias hacia servicios que agreguen valor. El cambio climático, la investigación genética, la creación de proteínas artificiales, la producción de alimentos sobre la base de sustancias vegetales mediante el uso de inteligencia artificial, y las tendencias de los consumidores hacia una mayor conciencia de su alimentación y de los daños que estamos causando a la biodiversidad, obligarán a cambiar las actuales formas de producción. Ello causará, tarde o temprano, una crisis de la industria ganadera y sus encadenamientos productivos, parte relevante de la base económica del Cono Sur, en especial de Argentina, Paraguay, Uruguay y el sur de Brasil.

El cambio de los actuales modelos industriales por otros no vendrá desde el sistema político; surgirá desde los ciudadanos, que lo empujarán, y de los emprendedores, que lo viabilizarán. Las políticas públicas impulsadas por un gobierno a partir de ideologías o concepciones del mundo determinadas («certezas»), sobre las cuales se optaba —a veces más democráticamente que en otras—, definían antiguamente el marco para el emprendimiento. Ello a su vez condicionaba nuestro trabajo como individuos: en qué, dónde, con qué prácticas. En función de la industria, negocio o emprendimiento de que se tratara, recurríamos a la tecnología como herramienta industrial, primero, y con el tiempo, como un apoyo a la gestión. La secuencia era: políticas públicas —emprendimiento— personas (individuos) —adopción de tecnologías *ad hoc.*

Esta secuencia ha sido alterada por la incorporación de sucesivas tecnologías: la informática, el computador personal, internet, la bioingeniería y la comunicación ubicua (móviles con GPS). La adopción oportuna de estas tecnologías dio a ciertos grupos de humanos una ventaja evolutiva diferenciadora, y surgieron empresas tecnológicas que desplazaron a dinosaurios industriales. La nueva secuencia —ahora invertida— es que las tecnologías surgen, los individuos las adoptamos y nuevos modelos de negocios se apalancan en ellas, apoyados en el *efecto red.* La emergencia en los mercados de novedosas formas de emprender, que responden a nuevas necesidades e intereses humanos, pero que escapan de los marcos regulatorios y normativos vigentes —es más, muchas veces los *hackean*—, obligan a las políticas públicas a correr detrás de sus efectos como ambulancias para recoger a los heridos que van quedando en el camino.

No esperemos que los gobiernos vayan a rediseñar los sistemas industriales cuando los ciudadanos adquieran nuevas dinámicas de consumo y mayor conciencia: siempre llegarán tarde. El cambio lo impulsaremos desde el emprendimiento y sus frecuentes disrupciones, con su dinamismo y vértigo.

Este libro nos da las claves para hacerlo. Rodrigo Weiberlen nos aporta, con el método Beta, una sistematización que permite orientar la gestación y los procesos de una iniciativa emprendedora en los tiempos cognitivos, mediante la secuencia de configuración de contexto, propósito, inteligencia-data, estructura, identidad y equipo, y lo hace con la habilidad de comprender que la motivación emprendedora nace —también— desde la emocionalidad, y que, en lugar de inhibirla, se debe aprovechar su impulso.

Se trata de un gran aporte desde la experiencia emprendedora para comprender y asimilar las motivaciones emergentes, las diversas modalidades de emprendimiento, los nuevos modelos de negocios, las tendencias de los consumidores, las dinámicas organizacionales y la deriva social que emergen del viaje hacia la era de la cognición. El autor centra el empuje del emprendimiento en las personas, en su dinámica relacional, en su capacidad adaptativa para evolucionar, en su lenguaje y su energía vital, entendiendo que el transcurso del emprendimiento es tan voluble y dinámico como la vida misma del emprendedor.

Lo más valioso de este texto es, justamente, que lo haya escrito un emprendedor —con su bagaje personal de éxitos y fracasos— más que un académico que nunca haya sentido el frío en la espalda de vivenciar el riesgo en un espacio real. Se trata de una notable invitación a experimentar, a innovar, a abordar con convicción, método y energía la fascinante travesía de emprender.

Daniel Fernández Koprić
Santiago de Chile, mayo de 2021

Introducción

Emprender puede parecer un desafío importante, y sin duda lo es. En las últimas décadas las fichas del dominó comenzaron a caer cada vez más rápido y las reglas del juego mutaron en menos tiempo. Vivimos en un mundo complejo donde lo emergente nos asalta en cada rincón del laberinto del emprendimiento.

Los avances tecnológicos, la digitalización de muchas industrias y procesos, la evolución y la democratización del conocimiento, la globalización de servicios y productos generaron un nuevo escenario. Emergieron nuevas empresas y modelos de negocios, al mismo tiempo que desaparecieron otras que en su momento fueron importantes piezas en el mundo de la economía.

Como si fuera poco, a este contexto por demás complejo se sumó una pandemia sin precedentes en la historia moderna, que obligó al mundo a parar.

Esta situación trajo consigo muchos desafíos y al mismo tiempo grandes oportunidades. Entre ellas, la de repensar el emprendimiento y la forma en que desarrollamos nuestros negocios, desde el primero hasta el último eslabón que interviene en la concreción del proyecto. En otras palabras: la posibilidad de repensar cómo queremos que sean las empresas del futuro.

Además, el 2020, año en que empecé a escribir este libro, coincidió con un aniversario personal especial: cumplí 20 años vinculado al mundo del emprendimiento, tanto desde mis empresas como ayudando a otras compañías. Desde incubadoras y aceleradoras, como también a través de consultorías, servicios o desarrollo de proyectos.

Durante este recorrido pasé por muchos estadios, desde el garaje con mi socio, donde los dos cumplíamos todos los roles de la empresa, hasta organizaciones de más de 100 personas con sistemas más complejos y con desafíos más grandes.

En este camino me encontré con errores, fracasos, miedos, temores, ambiciones y egos; pero también con alegrías, logros y una experiencia invaluable de relación, crecimiento y aprendizaje con un sinfín de personas y proyectos. Hacer empresa es resolver desafíos constantes en el proceso de crecer de la forma más ágil y saludable.

En todo este tiempo pude aprender de profesionales que, con su mentoría, me han enseñado y regalado un conocimiento invaluable en mi carrera profesional y de emprendedor, a través de la práctica, estudios, consultorías y experiencias.

Sumé ese conocimiento sobre el mundo empresarial y organizacional a mi caja de herramientas y lo utilicé con muy buenos resultados. Pero, además, con el tiempo el emprendimiento captó mi curiosidad y se convirtió en una pasión. No puedo dejar de mencionar que todo este proceso de aprendizaje termina decantando con mi participación en un programa ejecutivo en Singularity University que sin dudas es el catalizador de mucho de lo que está incluido en este libro a nivel enfoque, herramientas, pensamiento y visión. Considero un privilegio el haber accedido a este conocimiento que no siempre está al alcance de todos.

Recibí esta información de forma tan genuina e influyó tanto en mi experiencia que intento compartirla con otros emprendedores —a través de consultorías, charlas o notas— de la misma manera.

En 2018 nos preguntamos cómo podríamos multiplicar la difusión de este conocimiento y compartirlo con más personas y organizaciones. Incluso, cómo desarrollar una herramienta que sirviera a distintos emprendedores, aun de mercados diferentes, entendiendo que los desafíos más importantes trascienden las particularidades locales.

Empezamos así a desarrollar un instrumento que ayuda a organizar una idea a través de una hoja de ruta, usando tarjetas como un juego de cartas. Así nació Beta, la metodología de emprendimiento que este libro recoge y que, al cuarto trimestre de 2020, cuando estoy escribiendo esta introducción, ya ha sido probada por más de 1.000 personas en más de 20 países, con buenos resultados para los emprendedores y usuarios a la hora de darles forma a sus ideas.

La respuesta que obtuvimos nos alentó a llevar este conocimiento más lejos, de una herramienta técnica a un material más sencillo de leer y entender para personas que no necesariamente cuentan con conocimiento teórico sobre el emprendimiento. Por eso escribimos este libro, basado en la metodología, pero con una narrativa más simple y con la intención de llegar a más gente en la búsqueda de promover el emprender mejor.

El material cubre una amplia gama de ideas y fenómenos. Su desarrollo forzosamente implica una mirada más general —dado el límite de espacio de un libro y la inmensa cantidad de aspectos que considerar—, pero servirá a modo de entrada para que se pueda luego explorar y profundizar sobre los temas que despierten más interés.

Mientras escribía el libro terminé de reforzar la visión de que una hoja de ruta, una compilación, una mirada de proceso, una observación lo más sistemática posible es sin duda el aporte principal de esta contribución colectiva y de esta herramienta.

La mayoría de los conceptos trabajados en este libro son muy usados en el mundo del emprendimiento. La propuesta es traerlos a un mismo espacio y traducirlos a un lenguaje más sencillo. El orden de los temas responde a una lógica en la que la integración de conjunto es más importante que cada una de sus partes.

El libro está dirigido a cualquier persona que tenga una idea y ganas de llevarla adelante, en otras palabras, al lector no técnico del mundo del emprendimiento, pero, al mismo tiempo, espero que sirva de reflexión, discusión (o incluso crítica) en el campo técnico para organizaciones vinculadas al desarrollo del emprendimiento en los ámbitos académicos y de gobierno.

Los conceptos enunciados en este libro están basados en experiencias y aprendizajes de mi proceso de desarrollo personal. En mi vida influyeron decisivamente temas como el emprendimiento, la innovación, la creatividad, las organizaciones, las economías creativas, los modelos de negocio escalables y replicables, el impacto en las empresas, la modernidad líquida, lo intangible.

Espero que estos conceptos recogidos y combinados en este material sean de tanta utilidad para el lector como lo fueron para mi experiencia de hacer empresas.

CAPÍTULO 1

EL PODER DEL EMPRENDIMIENTO

¿Cómo es una persona emprendedora?
Realidades de emprender
Impacto del emprendimiento
Emprendimiento consciente

Si pudieras emprender haciendo lo que te gusta, ¿qué harías? A veces pasan los años y terminamos haciendo lo que la vida nos propone, pero no necesariamente lo que nos apasiona. También es posible plantearlo al revés: empezar por lo que nos apasiona en la vida y desde ahí intentar conectar con lo que podemos o queremos hacer. Empezar por esa pregunta es un gran regalo que no todas las personas se pueden dar. Gran parte del mundo hace, simplemente, lo que puede.

Se podría decir que para seguir tu pasión debes tener resueltos algunos aspectos básicos de tu vida, y es cierto, hay una realidad que puede limitarnos. Pero también hay formas de pensar y de decidir. Es una posibilidad que está en nuestras manos.

Una manera de comenzar es preguntarnos, ¿qué haríamos gratis?

Una opción es responder con un rol o un trabajo; por ejemplo, ser abogado, médico, arquitecto u otra profesión. Un segundo camino, un poco más profundo, puede relacionarse con una pasión, pasión por construir, por pintar, por jugar, por investigar, y a partir de esos anhelos definir el proyecto. Incluso podemos conectarnos con un propósito más grande: cómo impactar positivamente en la vida de las personas, propiciar un cambio profundo en favor de nuestra comunidad o ayudar a salvar el planeta desde alguna causa o desafío global.

Cada respuesta es muy personal y válida. Alguno podrá conectarse con algo que le apasiona y le gusta; otros, con algo que les molesta, les duele y desearían que fuera distinto.

Una forma de conectar con eso que nos apasiona es emprendiendo. A través del emprendimiento podemos llegar a un lugar donde la línea del trabajo se funde con la línea del placer, donde se combinan el disfrute, la generación y el desafío. Esto, que parece inalcanzable, es una búsqueda posible. Y está bien permitirnos buscar y buscarnos.

¿Cómo es una persona emprendedora?

Más allá de su concepto empresarial o de su aplicación de moda en los últimos años, el emprender está relacionado a la condición interior de ser capaz de poner en acción una idea.

El proceso comienza con algo que se dispara en nuestro interior. Existen personas que quizás tienen más habilidades relacionadas con el emprendimiento y fluyen más naturalmente. Otras tal vez no tienen esas características, pero eso no significa que no puedan emprender de alguna manera. Todos podemos hacerlo.

La persona encarna el emprendimiento, lo actúa desarrollando competencias, lo vive como contexto de trasfondo. Gran parte del enfoque respecto al emprendimiento termina cosificado en metodologías y competencias, y es más bien una coherencia interna de biología-lenguaje-historia que lleva a esa persona en particular al profundo acto de establecer un hito en su vida, en cualquier ámbito, a través del emprendimiento.

Muchas veces, quien emprende va detrás de una idea que cambiará mil veces en el camino, pero su fuerza interior es el motor más importante. Detrás de cada emprendimiento, por más grande que sea, en algún momento alguien tuvo un sueño.

Entre «creer» y «crear» existe una relación directa. Ambos verbos, conjugados en presente, primera persona del singular, se convierten en la misma palabra: «yo creo». La capacidad de imaginar y la capacidad de actuar están estrechamente relacionadas.

Grandes corporaciones que nos sorprenden por su tamaño y su alcance mundial en algún momento fueron la idea de una persona soñadora que se animó a dar ese primer paso y los siguientes, que se levantó después de las caídas y que tuvo la habilidad de llevar adelante el emprendimiento hasta alcanzar ser una empresa global.

Escritores y artistas como Julio Verne y Leonardo da Vinci han plasmado en su momento un futuro inimaginable para su época pero que se convirtió en realidad con el paso de los años. ¿Visionaron el futuro o nos invitaron a imaginarnos un futuro que terminamos construyendo? Probablemente, un poco de ambas. Pero todo nace de una idea.

Se podría entender el emprendimiento como un acto frío, un trámite técnico o una cuestión impositiva. Sin embargo, hacer empresa está muy alejado de eso. Hacer empresa implica toda la batalla que viene después, sortear todos los desafíos que se presentan, lograr permanecer y seguir vigente, tener un mercado y sostener clientes. También exige aprender a reinventarse constantemente. Hacer empresa, entonces, tiene que ver con desafíos mucho más grandes que el acto fundacional de una organización.

El emprender es mucho más que constituir una empresa, es una cultura para hacer las cosas, es la capacidad de sostener procesos inciertos, la valentía de soñar, de imaginarnos algo que debería cambiar en el mundo y perseguir eso a través de la empresa, del emprendimiento. Emprender conlleva períodos complicados, porque hacer empresa es eso, perseguir un sueño, pero, a la par, asumir los riesgos; jugarse, usando nuestro propio tiempo, dedicación y recursos, para construir y probar algo nuevo. Desde afuera, muchos pueden deslumbrarse con el éxito de un emprendimiento, pero son pocos los que ven, entienden o valoran el esfuerzo que hay detrás de ese logro.

La cultura y la transmisión cultural son muy importantes en el acto de emprender. De alguna manera, la forma en que inculcamos el emprendimiento a nuestros hijos e hijas es clave, y debería incorporarse este tema como política de Estado en todos los niveles.

No obstante, no solo es fundamental el contexto macro sino también el micro: haberse criado en un entorno de personas emprendedoras tiene mucho que ver con la condición que uno pueda tener a la hora de emprender. Así como también las circunstancias educativas, económicas y condiciones básicas de vida.

¿Cómo me conecto yo con el mundo del emprendimiento? Los abuelos de mis padres viajaron de Europa a Latinoamérica, pasaron por Argentina y terminaron en un pueblo de inmigrantes en Paraguay, al borde de un hermoso lago rodeado de cerros. Salieron de su país en un momento donde su mundo se derrumbaba por cuestiones bélicas, económicas y políticas, y vinieron con lo que podían cargar a un continente nuevo donde tuvieron que construir todo desde cero. Por ejemplo, no había electricidad e hicieron una usina eléctrica, construyeron fábricas de hielo y una elemental manufactura de botes para cruzar el lago de manera más fácil. No eran personas aisladas, era un grupo que construyó un ecosistema que se fue complementando para construir una ciudad como aquella en la que querían vivir.

Podríamos decir que la necesidad puede condicionar o potenciar la capacidad de creación de las personas. Creamos mejor en situaciones de incomodidad. Emprendemos mejor cuando hay hambre o ganas de conseguir ese logro. El emprendimiento es una vía para plasmar las ganas de superarnos y mejorar.

Mis primeras conexiones con el emprendimiento se remontan a los juegos de la niñez. Mis abuelos tenían un almacén de ventas generales y me regalaron un cajón como las cajas registradoras, pero de madera. Yo me entretenía vendiéndole a mi abuelo las frutas que arrancaba de su propio patio, o lavando y encerando el auto por una paga extra.

En esa época también jugábamos con cajones de gaseosa vacíos. Se podían apilar como bloques de legos gigantes y con ellos los chicos de la familia hicimos fuertes, casas, muros, y por más que dejábamos el patio hecho un desastre, jamás limitaron nuestro juego y nuestro hacer.

La historia de una persona emprendedora no comienza cuando termina la universidad, tiene que ver con la vida desde sus inicios, con conservar ese espíritu de la infancia y nunca dejar de jugar. Conectar con lo que a uno le apasiona hacer es un estado ideal del emprendimiento.

Volvamos al principio. Emprender, en el amplio sentido de la palabra, relacionada con el verbo «hacer», es crear algo, materializar una idea, ya sea un prototipo o un concepto, no solo está relacionado con el mundo de los negocios o de las organizaciones. Emprender puede ser crear una empresa social, una tendencia cultural urbana, un movimiento político que cambie una forma de gobierno, una asociación civil sin fines de lucro que busque solucionar un problema global, local o de una comunidad. Un emprendimiento es una panadería, una megafábrica, un cambio social. O, si nos animamos, la forma en que diseñamos el mundo que viene.

El emprendimiento es tan amplio como todo eso. Tiene el tamaño y la dimensión del sueño que sea capaz de seguir un grupo de personas convocadas, tal vez, por un líder, una emprendedora o una idea.

En todos los casos, una buena consigna suele ser no intentar resolver todos los retos juntos, sino empezar desde lo más alcanzable, cercano y accesible, para ir escalando hacia desafíos, proyectos o emprendimientos más grandes.

Para Muhammad Yunus, ganador del Premio Nobel y pionero de microfinanzas, todas las personas son emprendedoras. Yunus menciona que «todos los seres humanos son emprendedores. Cuando estábamos en las cuevas, todos éramos autónomos... buscábamos nuestra comida, nos alimentábamos a nosotros mismos. Ahí es donde comienza la historia humana, pero cuando llegó la civilización, suprimimos eso. Nos convertimos en mano de obra porque nos etiquetaron: "Eres un trabajador". Y lastimosamente olvidamos que somos emprendedores».

Para Reid Hoffman, cofundador de LinkedIn, todas las personas somos emprendedoras no porque debamos crear empresas, sino porque la voluntad de crear está en nuestro ADN.

El emprendimiento está completamente ligado a cómo le damos forma al mundo que vivimos. El sistema económico global actual se basa en el movimiento del mundo corporativo, las empresas y los negocios. En muchos casos, el tamaño económico de las grandes compañías es superior al de los países. Además, usan su poder a escala mundial haciendo *lobby* en temas claves, con influencia no solo en el consumo, sino en la construcción de cultura desde las marcas.

Estamos frente a organizaciones que —más allá de sus resultados, tecnología o productos, que son ámbitos más relacionados al mundo empresarial— han trascendido a lo cultural y lo social. Han impactado sobremanera en el cambio de hábitos de los consumidores y han influido en sus formas de consumo y entretenimiento. Son corporaciones globales con comunidades enormes de usuarios que han logrado construir una relación de fidelidad y capacidad de acción inimaginable. Las acciones, los productos y la comunicación de estas marcas globales terminan moldeando parte del mundo que hoy vemos.

A la existencia de este tipo de empresas debemos agregar las plataformas tecnológicas y sociales donde está alojada hoy gran parte de nuestra información de correos, mensajerías, fotos, localización, georeferencias, actividades y documentos tanto personales como profesionales, centralizadas en un puñado de empresas globales con una capacidad enorme de manejo de datos, sin precedentes históricos.

En algún momento estos gigantes fueron un simple proyecto, una *startup*, una empresa de garaje, una idea en la cabeza de alguien atrevido, intrépido, curioso. Son cientos de experiencias similares, como el famoso garaje de Hewlett-Packard, hoy un lugar icónico para California y Estados Unidos dentro de su historia de emprendimiento. HP nació en el pequeño garaje de la antigua casa de David Packard, en la avenida Addison de Palo Alto, cerca de la Universidad de Stanford, en el Silicon Valley.

Esa historia se repite en el caso de Apple, Tesla, Facebook, Google, Alibaba, Ofo y otras empresas, entre las que se destacan las llamadas «unicornios». Este tipo de compañías son emergentes, de base tecnológica, y se caracterizan porque en muy poco tiempo alcanzan una cotización de mil millones de dólares.

Veamos algunos ejemplos. Unicornios latinoamericanos como Mercado Libre, que inicia en la localidad argentina de Zárate como un proyecto de maestría de Marcos Galperín, se diversifica en casi dos décadas en seis productos: punto de venta, servicio de anuncios clasificados, programa para anunciantes, centro de soluciones para tiendas en línea, servicio de envíos y de pagos en la plataforma.

B2W, el gigante del comercio electrónico en Brasil que está detrás de sitios como Americanas.com, Submarino, Shoptime, Sou Barato o Ingresso.com. Además, B2W trasciende internet y comercializa también por infomerciales, catálogos y quioscos.

Crystal Lagoons es una compañía chilena que se dedica a crear lagunas artificiales para proyectos urbanísticos, turísticos, públicos e industriales. Creada por el bioquímico Fernando Fischmann, ha participado de 250 planes en más de 60 países. Fischmann preside el área de I+D de la empresa, que capta el 30% de los ingresos y en diez años ha desarrollado más de 1.000 patentes. La laguna artificial que creó para un complejo en San Alfonso del Mar en 2006 le valió la entrada a los Guinness World Records y le abrió la puerta para una década de proyectos en bienes y raíces. Fischmann comenzó entonces a innovar en el uso recreativo del agua con el menor impacto ecológico posible.

En el campo de la tecnología financiera, Nubank es la empresa líder de Latinoamérica y se ha convertido en uno de los bancos digitales independientes más grande del mundo, con 20 millones de clientes aproximadamente. Fue fundada en Brasil por el colombiano David Vélez en el 2013 y está valorada en 4 mil millones de dólares. Hoy día también tiene operaciones en México y Colombia.

Como vemos, en este nuevo contexto los grandes emprendimientos pueden venir desde cualquier lugar. Existen cada vez más garajes y emprendedores con ganas de jugar globalmente en nuevos mercados. En la actualidad esto es más real y posible que antes.

Cabe mencionar que, en contraposición a este concepto de empresas «unicornio», en los últimos años nace un nuevo concepto de empresas denominadas «cebras». Sus seguidores las diferencian principalmente por su búsqueda de prosperidad sostenible antes que el crecimiento exponencial de los unicornios, además de promover la pluralidad y la colaboración ante la competencia y el monopolio de las primeras. Son empresas más honestas y reales, construidas sobre comunidades sólidas.

Más allá de las cebras o los unicornios, lo importante es que para emprender se tiene que ser «hacedor», alguien a quien le guste la acción. Todos tenemos un hacedor adentro y la capacidad para hacer distintas cosas. La invitación que hago es conocer cuáles son nuestras capacidades más desarrolladas y aquellas que queremos hacer progresar, identificar nuestros talentos, desafíos y potenciar esas ganas de hacer que tenemos dentro.

Realidades de emprender

Seguramente, sin darte cuenta ya estás emprendiendo en múltiples ámbitos de la vida: estás emprendiendo cambios, decisiones, ajustes, sugerencias. Eso está muy relacionado con el «hacer».

Para emprender no se necesita ningún título. Muchos grandes líderes del mundo empresarial no necesariamente están vinculados siquiera a títulos universitarios ni a altas calificaciones.

En esta era de la información, en la que el conocimiento está al alcance de cualquier persona con conexión a internet, las formas de aprender han evolucionado y lo que se valora en formatos formales de aprendizaje como las universidades son los contactos y las experiencias vividas. Una carrera universitaria no es garantía de poder liderar un emprendimiento con éxito. Aunque, sin duda, al mismo tiempo aumenta muchísimo las posibilidades de contar con conocimiento, herramientas y capacidades.

Efectivamente, en el mundo del emprendimiento no hay garantías; es complejo y tiene bastantes aristas. Además de conocimiento, debemos tener la capacidad de soñar, de imaginar, de accionar, de liderar, de visualizar y de ser flexibles a los cambios. Pero, sobre todo, una enorme capacidad de hacer que las cosas pasen.

El emprendimiento y el emprendedor son transversales a todas las carreras y las capacidades. Miremos un ejemplo de esto: un médico que trabaja en una clínica y tiene un sueldo mensual fijo; o un médico emprendedor que tiene una clínica y que, al mismo tiempo de ejercer su profesión, emprende un negocio que está relacionado con su carrera.

Desterremos otro mito: ser emprendedor no significa necesariamente ser dueño de una empresa. Por supuesto, hay emprendedores que son empresarios, pero también hay emprendedores que están dentro de las empresas, son los intraemprendedores.

Asimismo, no hay garantías de que un emprendedor o una fundadora de una empresa tenga las capacidades de llevar ese emprendimiento a una escala mayor y ser eficiente en la dirección ejecutiva en el proceso de crecimiento. Muchas veces la capacidad emprendedora está sostenida por temas como la energía, los sueños, las ganas, la visión, no necesariamente por la capacidad de manejar operativamente un negocio de escala.

Un buen emprendedor puede venir de cualquier lugar. No existen condiciones duras para esto. Es importante autoconocernos, entender en qué somos buenos para entender dónde no lo somos. Hay capacidades que no tenemos pero que podemos adquirir asociándonos con personas que sí las tengan: colaboradores o socios con quienes hagamos un mejor equipo.

¿Te animas a probar, a fallar, a volver a intentar, a no quedarte con las ganas?

Impacto del emprendimiento

Durante millones de años, el mundo fue ordenado por la naturaleza. Después, por las religiones y por la política. En los últimos tiempos, el orden está más dictaminado por la economía. Es un orden económico que está completamente ligado a empresas que, a su vez, están vinculadas al «mundo del emprendimiento». Se trata de empresas y emprendimientos del sector privado —se relacionen o no a Estados—, que son los grandes generadores de riqueza en el mundo.

La Fundación Global Justice Now realizó un estudio en el que comparó la facturación de las 100 mayores empresas del mundo con el producto interior bruto de los países.

Hoy día existen 10 empresas en el mundo que son más grandes que 180 países juntos, entre los que se encuentran Irlanda, Indonesia, Israel, Colombia, Grecia, Sudáfrica y Vietnam, por citar los Estados más relevantes.

Si se ordenan las entidades y países según su potencia económica, Estados Unidos es la primera, y Walmart la mayor cadena comercial del mundo y la primera corporación por ingresos del Fortune Global 500; se ubica en el décimo lugar. «A este ritmo de crecimiento bastará solo con una generación para que el mundo entero esté dominado por grandes corporaciones», advierte Nick Dearden, director de Global Justice Now.

En la actualidad, gran parte de la economía mundial se mueve a través de la economía generada por el emprendimiento. Si bien la palabra «emprendimiento» puede ser un gran título, si se lo descompone se puede observar una masa increíble y heterogénea de múltiples personas, empresas y proyectos con distintos tamaños que están generando su aporte para construir ese gran movimiento, cada uno desde su lugar y desde sus mercados. Lo hacen desde la lógica del libre comercio y el libre mercado, pero si nos detenemos en las especificidades veremos millones de entidades interdependientes, porque existe un mercado, un contexto, leyes y condiciones. De alguna manera, hay una dependencia de algo, pero cada una de estas individualidades tiene la libertad y la potestad de hacer algo chico, grande o gigante.

La energía que hoy mueve el mundo es la energía de las empresas, del emprendimiento, de los emprendedores. Es de todos los tamaños, desde una tienda local hasta las grandes corporaciones del mundo. Todos suman a la misma bolsa del movimiento económico mundial y del sistema de vida en el cual estamos inmersos. La forma de generación de riquezas hoy está basada principalmente en ese ámbito. Es la convención por la cual gran parte del mundo moderno existe, puesto que así de grande es el impacto del emprendimiento. En cuanto a lo individual, un emprendimiento puede ser insignificante, pero es a la economía lo que una célula es a una persona. Así de simple y así de importante.

El tamaño de la economía y el espacio que ocupan el emprendimiento, las empresas y el movimiento económico de alguna manera terminan dándole forma al mundo, modelando la realidad que vivimos hoy: qué y cómo consumimos.

Como todo en la vida, este movimiento tiene sus luces y sus sombras. En algunas cuestiones ha impactado negativamente en el desarrollo de la humanidad, pero como veremos en los siguientes capítulos, puede ser también un motor para moldear el mundo que queremos.

El sistema actual trajo muchísimos avances en diversos aspectos: en la calidad de vida, en la forma en que trabajamos, el modo en que generamos riqueza, la forma en que consumimos cultura; y la lista sigue.

Sin embargo, estos cambios también tienen su lado negativo. Como todo en la vida, hay un yin y un yang.

Está a la vista que el modelo actual y su desenfrenado desarrollo en los últimos años se olvidó de mirar el equilibrio y la búsqueda de bienestar. Priman el lucro y el resultado.

Algunos de los impactos más importantes en el ambiente son la contaminación y la deforestación. El consumo de productos innecesarios, la obsolescencia cada vez más rápida de estos para generar recompra, los residuos generados a escala mundial por el consumo que hoy inundan océanos con partículas de plástico, la huella de carbono de alimentos que viajan miles de kilómetros alrededor del mundo, prácticas que generan un daño ambiental gigantesco.

Algunas economías se han aprovechado de derechos de trabajadores, sin pago justo a cadenas más débiles de producción. Incluso han llegado a usar mano de obra esclava y trabajo infantil.

En el mundo de hoy 26 personas poseen más riqueza que la mitad de la humanidad. De acuerdo con la organización Oxfam, el hombre más rico del mundo, Jeff Bezos, propietario de Amazon, vio aumentar en 2019 su fortuna a 112.000 millones de dólares. Solo el 1% de su fortuna equivale a todo el presupuesto de salud de Etiopía, un país de 105 millones de habitantes.

Hay que recordar que todo lo que hacemos puede tener un impacto positivo y negativo. Por eso, este libro te invita a revisar la forma en que emprendemos para abrirnos a la exploración de un mejor emprendimiento, más consciente de su impacto y rol en esta nueva normalidad tan compleja y demandante.

Cada vez que tomamos una decisión se genera un efecto. Tenemos que ser conscientes de esas decisiones que tomamos en todos los niveles de la vida. Ya sea como emprendedores, como consumidores, desde el lugar que nos toque, con nuestra decisión podemos moldear el futuro.

Emprendimiento consciente

La humanidad está viviendo un momento vibrante. Esta vibración, que muchas veces puede generar crisis e incertidumbre, nos está pidiendo algo: un emprendimiento diferente.

Para hacerlo debemos entender dónde estamos parados y de dónde venimos. Reconocer el camino recorrido nos permitirá dar un salto hacia un transitar más sano.

De eso trata evolucionar: de crecer. Y uno crece sobre uno mismo, no sobre lo que uno pretende, sino sobre lo que uno puede y desde el lugar que ocupa.

Esto no es una crítica al emprendimiento tradicional, que es la consecuencia de hacer durante muchísimos años las mismas cosas en un contexto distinto. Con estas reglas jugamos hasta hoy. Y son las que tenemos que cuestionarnos si queremos un futuro distinto.

Las corporaciones fueron creadas hace 100, 150 o incluso 200 años, en un mundo totalmente diferente al de hoy. Muchas de ellas fueron concebidas bajo un modelo extractivo, y las nociones de ecología o calentamiento global ni siquiera figuraban en la agenda de la humanidad. Empresas diseñadas sobre modelos sistémicos que dieron resultados en la era industrial, basados en la repetición y optimización de procesos. Organizaciones más parecidas a máquinas o fábricas enfocadas a resultados con modelos verticales. Se basaban en negocios y economías más locales: la globalización no alcanzaba los niveles actuales, donde podemos acceder a casi cualquier producto de cualquier lugar del mundo.

Se trataba de un mundo más «chico», más limitado, mucho menos conectado. Hoy el ser humano está empezando a experimentar un nivel más amplio. Un horizonte no solo global, sino el inicio de una mirada incluso más planetaria, cada vez más finita en recursos. Y todo se aceleró: antes una carta tardaba meses en llegar, hoy un mensaje de WhatsApp lo hace en cuestión de segundos.

Finalmente, era un mundo abundante, donde no se tenía muy presente el concepto de escasez: había abundancia de tierra, de minerales, de bosques, de recursos de todo tipo. Esa abundancia nos llevó a extraer todo, a vaciar la alacena, a olvidarnos del recambio.

Hoy observamos la alacena y está vacía. El futuro parece limitado y los recursos son cada vez más escasos. Sin embargo, existe un modelo diferente para emprender. Uno que observa la abundancia de nuevos recursos, basados en el conocimiento, el abaratamiento de la tecnología y la disponibilidad de mercados globales, para ponerlos al servicio del emprendimiento consciente.

Así como las empresas hemos construido en parte el modelo actual, también podemos ser parte de la solución que el mundo necesita.

Ya no es cuestión de elegir o de ser altruistas, sino de diseñar una nueva normalidad. Tenemos que cambiar el chip sobre cómo emprendemos y cómo consumimos.

Una responsabilidad de estas dimensiones no recae en un Estado, un político, en las empresas o las organizaciones. Es responsabilidad de cada uno de los seres humanos que habitamos esta nave. Un cambio radical y global de mentalidad, en el más amplio de los sentidos, que comienza desde miles de transformaciones individuales. Es un cambio sin retorno, los consumidores son cada vez más conscientes al tomar decisiones.

En este escenario complejo, serán las empresas preparadas para el futuro las que subsistan y tengan éxito. Una de las características de este tipo de compañías es que están alineadas con el emprendimiento consciente. ¿Y qué significa esto? Significa que al mismo tiempo que persiguen el lucro, fundamental para la subsistencia del negocio, aportan a construir un mundo mejor, desde alguna arista ambiental, social o económica relacionada con el entorno. Se trata de un emprendimiento empático con el contexto actual, con las necesidades de este momento de la humanidad. Consecuente con esa empatía, su producto está diseñado como parte de la solución de algún problema o como respuesta a alguna necesidad.

Otra cuestión que debemos recordar es que el egoísmo, la falta de ética y el juego al filo del reglamento siempre van a estar presentes en el campo de juego. Hay que reconocer ese costado de la humanidad, así como el ser humano quiere progresar, también está presente esa mirada capitalista, economicista y en la que prima, por encima de todo, la obtención de resultados.

En las empresas del futuro, la ética y la moral tendrán un peso muy importante. En un nuevo modelo de transparencia estos aspectos guiarán muchas de las acciones de la empresa, para evitar que se reduzcan a meras consumidoras de recursos y generadoras de abundancia para la riqueza personal, pero no para el bienestar colectivo.

Esto cobra un sentido especial con las nuevas tecnologías y plataformas. En un hecho histórico, en julio de 2020 las cabezas más importantes del mundo empresarial tuvieron que comparecer ante el Senado de Estados Unidos para dar explicaciones sobre monopolio, uso y manipulación de datos personales, copia de tecnologías de competidores menores, entre otras cuestiones. La pregunta es: ¿cómo juega el emprendimiento tecnológico en un mundo donde las leyes fueron pensadas para un contexto analógico?

Esta exigencia actual de mejores modelos empresariales y el impacto de la ética y la moral en los negocios no es nueva, empezó a tomar forma tiempo atrás.

En la antigüedad, la filantropía era considerada una virtud que se manifiesta como amor por el género humano, es decir, amor a la humanidad. Por lo tanto, el filántropo es un hombre auténticamente culto, no en el sentido de erudición, sino que se cultiva a sí mismo, cultivando a la vez el amor por sus semejantes y por todo lo que mujeres y hombres han creado en conjunto: ciencias, religiones, artes, mitos, instituciones y formas de gobierno.

En los años sesenta y setenta el concepto económico mundial estaba basado principalmente en el desarrollo. Ese fue el concepto que enmarcó la evolución económica, y las cuestiones ambientales —la contaminación, el calentamiento global— no eran temas de conversación. «Si hay humo, hay progreso», se decía. Una frase muy potente que nos muestra cómo se entendía el desarrollo en aquellos años.

En contraste con esta visión del desarrollo, aparece la visión del «desarrollo sustentable», una expresión que aparece por primera vez en el documento conocido como el Informe Brundtland de 1987, denominado así por la primera ministra noruega Gro Harlem Brundtland, fruto de la Comisión Mundial de Medio Ambiente y Desarrollo de Naciones Unidas, creada durante la Asamblea de las Naciones Unidas en 1983.

El desarrollo sustentable plantea buscar el bienestar económico, pero a través de un equilibrio entre la naturaleza, la sociedad y un uso eficiente de los recursos. El desarrollo ya no consiste en consumir todo lo que esté a nuestro alcance sin considerar el impacto que generamos.

La responsabilidad social empresarial fue una corriente con mucha influencia y se convirtió en una capa evolutiva importante del mundo de los negocios.

Ahora se plantea que las empresas, además del lucro, en algún momento tienen que ser socialmente responsables con sus colaboradores, los hijos de sus colaboradores, sus consumidores y la calidad de sus productos. Sin embargo, antes se podía elegir ser socialmente responsable, no era una imposición. Esto se refuerza con el concepto de valor compartido de Michael Porter, que puede definirse como aquellas políticas y prácticas de operación que mejoran la competitividad de una empresa, al mismo tiempo que considera el avance de las condiciones económicas y sociales en las comunidades en las que opera.

La creación de valor compartido parte de tres niveles: reconcebir productos y servicios, redefinir la cadena de valor y mejorar el ambiente de negocios a través del desarrollo de clústeres.

Años después sobreviene la siguiente capa: las empresas sociales. La más importante de ellas es B Lab o B Corp. Son las empresas B, que se plantean un modelo de éxito que ya no solo contempla el resultado económico como métrica válida del negocio, sino que tienen como objetivo adaptar sus procesos productivos para generar un triple impacto: impacto social, impacto ambiental e impacto económico.

Como todo movimiento, este nuevo concepto de empresas B nace como tendencia, pero ha cobrado una fuerza significativa en los últimos años. Por ejemplo, la organización sin fines de lucro: Sistema B está motorizando un cambio de escala global, alertando sobre la necesidad de desarrollar una nueva «genética» económica que permita que los valores y la ética inspiren soluciones colectivas. La propuesta de Sistema B apunta a una economía capaz de crear valor integral para el mundo, promoviendo formas de generar riqueza que puedan ser medidas desde el bienestar de las personas, las sociedades y el entorno natural donde se desarrollan, de forma simultánea y con consideraciones de corto y largo plazo.

El emprender es una forma de moldear el presente, y el emprendimiento, una herramienta que da forma al mundo en el que vivimos. Necesitamos un cambio de consciencia a nivel macro sobre la forma en la que estamos emprendiendo.

Volvemos al principio: el hacer. Desde la toma de decisiones más básicas empezamos a generar impacto. Con esa conversación, ese «sí», ese «no», ese «esto me gustaría hacerlo así», estamos moldeando las acciones. Estamos trazando un camino «A» o un camino «B».

En la actualidad, solemos darles poco espacio a los procesos de conversación de valor, los vemos como una pérdida de tiempo. No obstante, este diálogo es parte del trabajo y un aspecto fundamental del momento de creación. Recordemos darles espacio a esas reflexiones al tomar las decisiones importantes y moldear las empresas.

En este mundo tan consumista y apegado a lo físico en que nos toca vivir, debemos generar una cultura de revalorización de lo intangible. Se prioriza la acción y se deja de lado que todo en la vida está determinado por conversaciones, el lugar donde le damos lugar a la idea, al pensamiento, y desde comenzamos el proceso de moldear algo. La conversación es parte de la acción, parte del hacer.

Tampoco se puede estar ideando para siempre. No pasar a la acción es caer en otra trampa. Es cuestión de encontrar un equilibrio.

Además, para tener grandes resultados es importante tener una mirada global, entender el contexto actual, dotarnos de una mirada sistémica sobre lo que significa emprender en esta época.

La modernidad implica abrir horizontes, mirar más el bosque que el árbol y entender un contexto complejo que nos exige proyectar cada vez más escenarios, tener cada vez más herramientas y más variables, aunque no podamos controlarlo todo.

En este capítulo hemos trazado una línea de base para ponernos de acuerdo en algunos conceptos: de dónde venimos, qué implica el emprendimiento, qué significa emprender y cómo nos conectamos con emprender.

En el siguiente capítulo recuperaremos el conocimiento que viene de la historia, de la cultura, de lo que se ha transmitido de generación en generación sobre el emprender, y lo pondremos a la luz de esta etapa única en la historia de la humanidad que nos tocó vivir.

CAPÍTULO 2

EMPRENDER EN LA ACTUALIDAD

La complejidad del contexto actual
¿Cómo la complejidad afecta al emprendimiento?

Durante mucho tiempo, la economía del mundo se movió de una manera muy simple: extrayendo bienes y comercializando con lógicas que eran realmente sencillas.

Por siglos, el mundo tuvo otro ritmo. Los viajes, las comunicaciones, la construcción, todo demandaba muchísimo tiempo, y moverse de un continente a otro tardaba meses. El modelo de empresas y organizaciones del pasado se diseñó con base en esas necesidades, estructuradas para un logro específico de renta económica, donde sus miembros se relacionaban por un intercambio de labor o servicio. Las empresas fueron creciendo y expandiéndose de forma lineal, con un incremento gradual, lento y predecible, sin mucha necesidad de actualización o cambio, ya que el mismo contexto o sistema no lo demandaba.

Como vimos, era un mundo extractivo, donde todo estaba al alcance y el concepto de «escasez» no ocupaba los temas de interés del momento. Las preocupaciones eran más básicas: abrir caminos, colonizar lugares, desarrollar industrias y economías, expandir mercados.

En ese mundo más lento, el funcionamiento de las empresas se sostenía por una creencia fundada en la tradición del «hacer», una idea que se perpetuó a través de una frase que todos conocemos: «en esta empresa las cosas siempre se hicieron así», y era fundamental sostener ese rumbo inamovible para asegurar el éxito. Esta es una fórmula válida y sigue siendo muy usada, pero deja de ser aplicable en la modernidad de hoy; porque si bien esta forma de emprender puede jactarse de sus muy válidos resultados, también debe responsabilizarse por sus grandes defectos. Un modelo extractivo, de interés exclusivo en el valor neto de los negocios, que genera concentraciones de poder en unos pocos y desequilibrios salariales, un modelo donde hay pocos ganadores, mercados exclusivos para algunos y excluyentes para otros.

En algún momento, con la Revolución Industrial y sus efectos, como la producción en serie y la primera pérdida de empleos, se comenzó a vivir una aceleración diferente del modelo económico. Estas transformaciones permitieron una primera evolución del comercio mundial y, por lo tanto, del emprendimiento.

De hecho, si analizamos desde más lejos lo que conocemos del desarrollo de la humanidad, durante miles de años sobrevivimos gracias al fuego, cazando y viviendo en cavernas. Luego se crearon otros instrumentos y se agregaron sofisticaciones agrícolas. En el último tramo de una larga curva aparecieron la rueda, la electricidad, la industria, el automóvil, la aviación y la llegada del hombre a la Luna. Todo esto último ocurrió en una pequeña fracción de tiempo de esta historia y nos habla de que estamos en uno de los mejores momentos como humanidad en entendimiento, conocimiento, ciencia y tecnología.

Este avance vertiginoso revela la capacidad del ser humano para hacer que cada generación parta desde un escalón superior. Cada vez partimos de una base más alta y desde esa base llegamos más lejos.

Entonces, desde este punto de partida, único en la historia que nos toca vivir, el gran interrogante es: ¿los cambios que vivenciamos están ocurriendo con más rapidez que la capacidad que tenemos para adaptarnos como personas, empresas u organizaciones? ¿Estamos haciendo desde el emprendimiento todo lo que nos exige este contexto actual tan complejo?

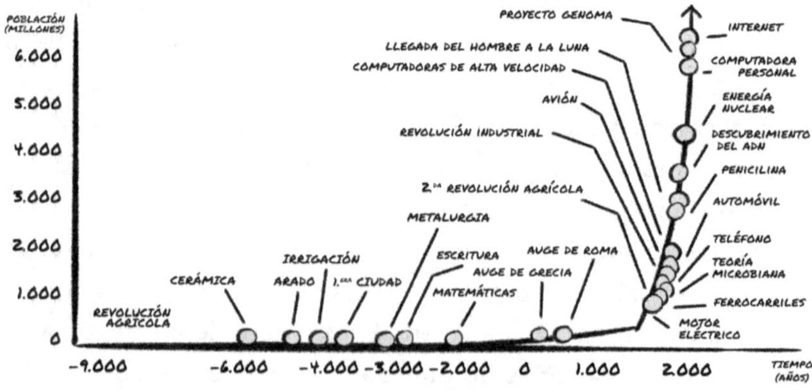

La complejidad del contexto actual

Este libro no pretende ser un libro de historia, sino más bien un libro práctico, pero un recorrido por el último período de desarrollo de la humanidad nos dará un marco para entender los grandes movimientos que condicionan la actualidad.

Los invito a utilizar una lupa para ver en más detalle, con una mirada rápida, los últimos 200 años. Veremos los acontecimientos y elementos más relevantes que construyen el presente que hoy nos toca vivir, posiblemente uno de los momentos más desafiantes y más vertiginosos de esta curva de crecimiento de la humanidad.

La Revolución Industrial

Reconocida como el desarrollo más grande de la historia de la humanidad desde el neolítico, la Revolución Industrial comenzó en Gran Bretaña. Allí, una economía rural, basada en la agricultura, dio paso a una economía cada vez más urbana, industrializada y mecanizada, apuntalada por el comercio.

A partir de ese hecho, la riqueza y la renta per cápita se multiplicaron como nunca antes en la historia de la humanidad. Empezó a cambiar el ecosistema: se generaron nuevas categorías de ricos y mayores posibilidades de acceso a nuevos productos, y creció la inversión para desarrollar nuevas ideas.

Fue una época de inventos, como el barco a vapor y el tren. En algunos sectores, como el textil y la agricultura, se maquinaron diversos procesos. Todos estos cambios modificaron la forma de comer, de vestirnos, de movernos.

Además, la Revolución Industrial disparó luego el crecimiento de la población mundial. Entre 1900 y 2000 los habitantes del planeta prácticamente se duplicaron. Y, a su vez, se desarrolló el consumo, porque más personas comenzaron a demandar más bienes y servicios. Al mismo tiempo, este proceso expandió el empleo y generó un círculo virtuoso.

Un cambio de siglo y de milenio

En todo este tiempo, también pasamos por crisis y guerras mundiales que, si bien empobrecieron y produjeron crisis económicas en ciertos lugares del mundo, aún no tan global, también generaron bonanzas económicas en otros puntos del planeta. Aunque eran considerados hechos mundiales, en la práctica no todo el mundo o todo el globo era afectado de forma directa o cercana por estos hechos. Ni siquiera con las pandemias anteriores.

El siglo XX fue un período de fuertes contrastes. Con el desarrollo industrial cambió el mapa de poder global y varios países, como Estados Unidos, se convirtieron en potencias mundiales. Además, hubo avances tecnológicos, en la medicina y en la ciencia; se abolió la esclavitud en los países subdesarrollados y, aunque aún tengamos camino por recorrer, se lograron progresos en la igualdad de género.

Sin embargo, esta etapa de la humanidad se caracterizó por profundas crisis de las que surgieron regímenes totalitarios, guerras mundiales, genocidios y etnocidios. Además, se agravó la exclusión social y se generalizaron el desempleo y la pobreza.

Al hacer balance de esta centuria, Walter Isaacson, director-gerente de la revista *Time* declaró: «Ha sido uno de los siglos más sorprendentes: inspirador, espantoso a veces, fascinante siempre».

Sin duda, la llegada del hombre a la Luna es uno de los mayores hitos de este período. Esa verdadera proeza de la humanidad revela que en cierto momento de la historia empezamos a ampliar nuestro horizonte: primero, el pueblo; luego, el condado; después, el país; más adelante, el continente, finalmente, el planeta y el espacio. El camino nos muestra una ampliación de consciencia, una búsqueda de expandirnos. Y, en esa búsqueda, viajamos a la Luna.

La aparición de internet

Otro proceso que marcó un antes y después fue el nacimiento de la web. No tanto su etapa académica en los años cincuenta, sino su expansión masiva a partir de las décadas de los ochenta y los noventa. Por ejemplo, en 1996 se llegó a la cifra de 10 millones de ordenadores conectados en todo el mundo, hoy la cantidad de internautas asciende a 4.540 millones, es decir, el 59% de la población mundial. La contracara de este fenómeno es lo que se conoce como brecha digital: todavía millones de personas no tienen garantizado el acceso a la red.

Además, internet también alteró la economía mundial. Para bien, al simplificar las comunicaciones y las transacciones, y para mal, como la burbuja de los puntocom que estalló en el 2000.

Un momento clave fue 1989, con el establecimiento del código HTTP, que contribuyó a la masificación de internet. Una casualidad histórica: en noviembre de ese año cayó el Muro de Berlín, otro acontecimiento de ese período que, al igual que la web, tumbó barreras entre personas y países.

Una de las personas que posibilitó la expansión de la web fue el científico británico de computación Timothy «Tim» John Berners-Lee. Posiblemente es la primera vez que escuchas su nombre y, muy probablemente, no lo recuerdes en unos días. Es lo que pasa con muchos visionarios: tienen la capacidad de ver y crear el futuro, pero no siempre son quienes escalan y sacan provecho de su desarrollo. No obstante, su creación tuvo un impacto decisivo en la vida del ser humano.

Internet no nació para los usos que le damos hoy. En sus inicios estaba relacionada con objetivos de comunicación militar, pero con el tiempo se transformó en una red abierta, con una tecnología nueva, aunque al principio no muchos entendieron el impacto y el potencial de la red.

Sin embargo, esta tecnología cambió el escenario global de una manera hasta ese momento inimaginable. Al punto de que hoy todo pasa por internet —la base de datos, la programación, la comunicación, el *marketing*, la logística— y hoy es casi impensable estar fuera de ella o no apalancar nuestro negocio sobre alguna plataforma.

Una era de conocimiento

Esta base de hiperconectividad e hiperconexión nos acompaña en este comienzo del siglo XXI. El cambio de milenio vino acompañado de todo tipo de miradas futuristas, tanto optimistas como pesimistas, que se plasmaron en el arte, las noticias y los estudios de impacto. Muchas de esas proyecciones, hasta hace poco tiempo puras hipótesis, se han materializado de un modo bastante similar a lo que imaginamos en las últimas décadas.

En esta etapa de la humanidad, conocida como la era del conocimiento, empezamos a generar y compartir cantidades gigantescas de información. Comenzamos a interconectarnos de manera verdaderamente global, con flujos de información nunca vistos en el mundo.

De alguna forma, este fenómeno también cambia la forma en que se estructura el poder y el manejo de la información. Pasamos de la protección del conocimiento a un mundo de conocimiento colaborativo; de un mundo donde guardábamos el conocimiento en bibliotecas, espacios cerrados o guetos, y donde tener información era tener poder y estaba en manos de pocos, a otro donde la información es abierta y está más disponible.

Como nunca antes en la historia de la humanidad, una persona puede tener en la palma de su mano acceso a tanta información a través de un dispositivo móvil y una conexión a internet. Aparece, por tanto, una forma más concreta de hacer uso de la información pública, libre, disponible.

Esta situación no es menor. La información se democratiza y se vuelve más accesible y transparente. Estamos frente a una nueva forma de manejar la data, tanto pública como privada, con todo lo bueno y lo malo que esto conlleva, en un contexto regulado por leyes del siglo XVIII.

La cuarta revolución industrial

Todo esto conecta con la aceleración de la curva del desarrollo del ser humano de la que hablamos antes. Hoy tenemos el escenario más propicio para crear lo que queramos con la mayor cantidad de herramientas y conocimientos disponibles como nunca antes. Es la primera vez que esta caja de herramientas global está tan cargada y tan disponible. Por supuesto, hoy internet no es de acceso público para todos, pero sí es más accesible para un mayor número de personas.

Uno de los fenómenos más importantes de este período es conocido como la cuarta revolución industrial. Se trata del desarrollo acelerado de tecnologías que están revolucionando el mundo y que, interconectadas, ya no solo resuelven desafíos del mundo físico y digital, sino también muchos relacionados con el ámbito de lo biológico; además, permiten que los procesos y las plataformas de negocios escalen de forma global a una velocidad mucho más rápida. Estas nuevas tecnologías —conocidas también como tecnologías exponenciales—, como *blockchain*, *bitcoins*, automatizaciones, plataformas, energías alternativas, impresoras 3D, robótica, domótica, entre muchas otras, están aportando un nuevo horizonte de posibilidades al mundo del emprendimiento y a las nuevas organizaciones globales, también conocidas como organizaciones exponenciales.

Un nuevo modelo y escala de empresas

En este grupo de empresas aparecen los gigantes que fueron alguna vez pioneros y hoy monopolizan los grandes sectores tecnológicos digitales, como Facebook, Google, Amazon. Estas compañías basan sus modelos de negocio en ser plataformas de data, publicidad y venta de servicios.

De la misma forma, Airbnb y Uber, a los que podríamos sumar a Mercado Libre, Rappi y Glovo si miramos Latinoamérica, son ejemplos de grandes organizaciones que crecieron haciendo algo mejor, o directamente nuevo, y usando tecnología escalable.

Otras organizaciones están usando esta tecnología para crear productos que se usarán en el futuro. Ese es el caso de Hyperloop con los trenes ultra rápidos y de SpaceX con los viajes espaciales.

Iniciativas de este tipo están creando mercados para mañana, incluso más allá del propio planeta. Muchas de ellas han nacido en el nuevo milenio. Posiblemente, ninguna de estas corporaciones cargue sobre sus espaldas la historia ligada a ese mundo extractivo del que hablamos antes. Fueron diseñadas en un contexto diferente, muy conectadas con una nueva economía, un nuevo mercado y, sin duda, una mirada hacia el futuro. Son una suerte de nuevas empresas listas para el futuro que aparecen para mostrarnos el camino.

Al igual que las nuevas generaciones nos muestran nuevos horizontes con su capacidad de adaptarse a la emergencia de un nuevo contexto de forma más ágil y rápida, en parte, la misión de estas compañías es generar un cambio general en el mundo de las organizaciones y del emprendimiento, mostrándonos nuevas formas de hacer las cosas y con alto impacto.

Un presente más digital e intangible

Estas empresas de avanzada, además de ver el futuro, se han anticipado a él para diseñarlo y moldearlo. Estos emprendimientos, hoy globales, en algún momento fueron una idea en la mente de un visionario, y hoy están desdibujando o redibujando el modelo económico mundial. Lo están haciendo desde un lugar y una forma que ni nos imaginábamos, con modelos de negocios que en muchos casos ni sospechábamos, produciendo resultados económicos de una manera totalmente diferente a los modelos de negocio previos. Lo hacen también con una capacidad insospechada en el manejo de data y su impacto en la construcción de opinión, *marketing* y ventas.

Para hacernos una idea de los efectos de la digitalización, Fortune 500 menciona que anteriormente a las empresas les tomaba un promedio de 20 años alcanzar un valor de un millón de dólares y, sin embargo, hoy las empresas digitales logran ese hito en 4 años.

Nos movemos en un entorno novedoso: las empresas, las escalas y los modelos de negocios. También las tecnologías, que parecen en muchos casos salidas de una película de ciencia ficción, aunque todavía no han demostrado todo su potencial. En los próximos años escucharemos cada vez más sobre ellas, ya que debido a esta curva acelerada de desarrollo de la que venimos hablando cada vez estarán más disponibles.

Al volverse exponenciales, estas nuevas tecnologías pasan por un proceso de digitalización, que lleva a una desmaterialización del producto, servicio o herramienta. Esto permite que algo que antes era un instrumento hoy se convierta en una aplicación para el teléfono. Así, productos, servicios o información que antes estaban solo al alcance de las naciones más ricas, los laboratorios de investigación o las empresas se democratizan, ya que son más accesibles para cada vez más personas. Con acceso a un teléfono y conexión a internet, tenemos la posibilidad de oprimir un botón y que nos traigan comida, nos busque un auto o alquilar una casa en los rincones más alejados del mundo.

Asimismo, existen miles de soluciones tecnológicas para el emprendimiento basadas en modelos de *softwares* como servicio (SaaS: *software as a service*) hoy están disponibles a precios accesibles para todo tipo de soporte digital.

Hace 20 años comprar un celular era un gasto que solo las corporaciones podían asumir. Hoy es un elemento común y con una penetración altísima en la mayoría de los mercados mundiales. De hecho, la tecnología que hoy tiene un teléfono inteligente es superior a la que usó el hombre para llegar a la Luna. Esto es aplicable a todos los desarrollos tecnológicos.

Una modernidad más líquida

En la actualidad, cada consumidor tiene sus propios espacios, sus propias redes, lo que generó muchísimas oportunidades para crear contenidos, además de consumirlos, y usarlos con fines comerciales, publicitarios o de *marketing*.

Sin embargo, este proceso tiene una contracara. Así como las redes brindan la posibilidad de interconectarnos como nunca antes, estas plataformas también son usadas para el delito, el terrorismo y para generar brechas sociales desde movimientos políticos.

En este marco, tenemos que ser extremadamente cuidadosos para entender de dónde vienen todas las noticias y la información que consumimos, su veracidad y a qué intereses responden. En algunos casos puede tratarse de noticias falsas, contenidos que terminamos replicando y pasando a nuestros grupos, nuestras familias, nuestras comunidades, convirtiéndonos nosotros mismos en emisores de contenidos no verdaderos o engañosos.

Todo este fenómeno tecnológico aplicado a las plataformas de redes sociales también dio origen a lo que se conoce como posverdad, una nueva palabra o expresión que se crea en una lengua. La posverdad o verdad emotiva es la distorsión deliberada de la realidad con el fin de moldear la opinión pública e influir en las actitudes sociales mediante la deformación (o directamente omisión) de los hechos objetivos y el uso de las emociones y las creencias.

Otro efecto de este proceso de transformaciones es conocido como modernidad líquida. Se trata de un concepto acuñado por Zygmunt Bauman, uno de los grandes filósofos de nuestra era, que falleció en enero de 2017 y que en sus últimos años se convirtió casi en un ícono pop.

Bauman estudió cómo estos cambios tan radicales, rápidos y vertiginosos impactan en las sociedades, tanto en nuestra vida como personas como en las organizaciones.

¿Y qué es lo líquido? Es lo adaptable: lo líquido puede pasar de un vaso a una copa y se adapta al instante sin dañarse. La enseñanza es que, en la medida que seamos más flexibles, nos adaptaremos mejor a los cambios que tenemos por delante.

Esta flexibilidad aplica a la toma de decisiones, la planificación y la ejecución de acciones del emprendimiento. Debemos trabajar también en la capacidad de nuestras organizaciones para adaptarse al cambio. Esto significa aprender a soltar los conceptos de orden rígido y de control, para buscar un equilibrio entre lo incierto, lo desconocido y el caos del proceso creativo.

Un mundo paralizado

A esta situación compleja, caracterizada por la evolución tecnológica, el desarrollo de las comunicaciones y la aparición de nuevos modelos de negocios, se agregó otro elemento no menor. A finales de 2019 salió desde la ciudad china de Wuhan la noticia sobre el primer contagiado de COVID-19, y pocos meses después el mundo se paralizó por completo. Por primera vez estamos viviendo una crisis verdaderamente global, en el amplio sentido de la palabra. Justo cuando la humanidad alcanza un pico de desarrollo tecnológico y de conocimiento, el mundo se para.

Es la primera crisis planetaria porque, además del alcance, la subsistencia de la humanidad está en juego. Al momento de escribir este libro —julio y agosto de 2020— todavía no tenemos todas las pistas de dónde va a terminar todo esto. Estamos viviendo el inicio de algo nunca visto en la historia de la humanidad.

Atravesamos una situación colectiva global. Ya no se trata de naciones que pelean unas contra otras, por territorio o por fronteras. Hoy la humanidad lucha por sanarse. Ricos, pobres, asiáticos, americanos, religiosos, no religiosos, todos buscamos lo mismo.

Precisamente por estar en este escenario impensado, también estamos viviendo una oportunidad única para permitirnos mirar un futuro diferente.

Todas las variables que estuvimos revisando —la exponencialidad, la tecnología, la digitalización, la modernidad líquida, la pandemia— afectan al mundo en todos sus planos: económico, social, ambiental. Es evidente la complejidad que experimentamos. También es evidente que ya no podemos seguir emprendiendo como antes.

¿Cómo la complejidad afecta al emprendimiento?

En este momento, aún no sabemos hasta dónde afectará esta crisis el futuro de la vida del ser humano. Ni siquiera sabemos las consecuencias de esta experiencia única de la humanidad en los planos sociales, políticos, económicos y culturales. Mucho menos, cómo terminará afectando al emprendimiento.

Lo que sí sabemos es que este proceso aceleró varios años la digitalización del empleo remoto y transformó las formas de trabajo en una economía mundial que recién estaba empezando a prepararse para un mundo más digital.

En unos pocos meses, la primera pandemia verdaderamente global de la humanidad —el COVID-19— ha dejado a su paso, como un tornado, enfermedad, muerte, el desplome de la economía y un crecimiento acelerado de la pobreza y la desigualdad.

Esta tormenta perfecta que combina una triple crisis —sanitaria, económica y social— ha sorprendido a los países, a las empresas y a las personas viajando en barcos muy diferentes. Algunos lo hacen en barcos enormes, lujosos y muy seguros; otros, en pequeñas y frágiles embarcaciones, y muchos en balsas improvisadas. Y si bien fueron muchos los afectados, a otros, el contexto les fue provechoso y les permitió crecer o expandirse.

Esta crisis es una especie de colador de emprendimientos en todo el orbe. Al frenarse el mundo, es como si el agua hubiera bajado y dejado al descubierto empresas que no tenían respaldo económico, ahorros ni planes de contingencia. También expuso a muchas compañías que no tenían la flexibilidad necesaria para cambiar con la velocidad que exigió este desafío y readaptarse de manera rápida a esta nueva realidad. Por este motivo, un porcentaje gigante de las empresas terminaron desplomándose por la crisis.

La investigación global realizada por Facebook, el Banco Mundial y la OCDE durante el 2020 a la cual llamaron «El futuro de los negocios» demuestra con números llamativos esta realidad. Con entrevistas a más de 50.000 líderes de pequeñas y medianas empresas alrededor del mundo, se identificó un 30% de empresas que decidieron cerrar por entrar en quiebra o grandes problemas financieros que crecían a lo largo de la crisis.

El complejo escenario que nos toca vivir a partir de la aparición del COVID-19 desafía a todas las organizaciones y emprendimientos, pero también es una enorme oportunidad para impulsar cambios en nuestros modelos operativos de negocios y de impacto como nunca antes la tuvimos.

Vivimos un momento en el que tenemos al alcance de un clic sistemas y plataformas tecnológicas para todo tipo de necesidades y prestaciones. Disponemos de información y evidencia de nuevos modelos organizacionales y operativos más ágiles, y aparecen nuevos modelos de negocios basados en intangibles como datos, *softwares*, videojuegos, aplicaciones y herramientas.

Aunque el gran desafío de fondo no es el cambio tecnológico sino el cultural, todas estas herramientas facilitan la democratización de la digitalización de muchos negocios que hoy cuentan con soluciones concretas para hacerlo.

Sin duda, la digitalización es el gran desafío inmediato e involucra a todos los emprendimientos. Desde la comercialización, promoción y mercadeo en los más simples, hasta los más complejos negocios basados en plataformas donde el propio negocio ya pasa por un intangible.

La mayoría de las transacciones menos complejas que realizamos hoy en día pasan por una aplicación o un dispositivo digital, como hacer pagos digitales, pedir comida, reservar alojamiento o disfrutar del entretenimiento.

Es verdad que este proceso trajo también sus desafíos, ya que cuestiona la manera tradicional de emprender, y rediseñar el negocio a cada paso para construirlo con una mirada digital demanda mucho esfuerzo.

En una de las últimas encuestas globales relacionadas con la transformación digital de empresas, realizadas por la reconocida consultora McKinsey, 8 de cada 10 participantes explicaban haber invertido recursos en búsqueda de digitalizarse pero que no habían conseguido grandes avances. Esto se debía principalmente a que no habían incorporado herramientas digitales en la operativa, a la falta de líderes convencidos de la transformación y por haberse aferrado al «*way of work*» actual, entre otros.

Los cambios que produjo la digitalización también afectaron la logística y la distribución. Todo lo que puede ser digitalizado puede ser vendido a muchos más mercados, y algunos productos o servicios que eran físicos hoy no requieren distribución ni presencialidad, como es el caso de cursos, consultorías, incluso de entrenamiento deportivo.

Vinculado a esto, se han redibujado los límites geográficos de los negocios. Pasamos de comprar productos físicos de forma local a consumir muchos de ellos en el plano global. Antes, una tienda de venta de ropa competía a nivel local, pero hoy, con los grandes jugadores globales, uno puede comprar a través de una página y ni siquiera saber de dónde viene la prenda. Ahora, los negocios son globales, y los jugadores, también. Esto se manifiesta sobre todo en las transacciones vinculadas a los servicios (reservas, pedidos, compras) y las relacionadas con contenidos (música, películas, series, aplicaciones, libros).

Las empresas preparadas para el futuro no conocen fronteras. Sus objetivos de mercado no son unos millones de personas de una localidad, un país o un continente, sino los 7 mil millones de habitantes de la Tierra como posible *target*. Para estas compañías, su mercado es el mundo. Como ejemplo de este abordaje podemos pensar en Globant, una empresa unicornio argentina que ayuda a las compañías a transformarse digitalmente y que nació con una visión global. Hoy arrasa un mercado bien amplio sin perder el ritmo del éxito, ya valorada en 3.8 mil millones de dólares. Martín Migoya, cofundador y director ejecutivo de Globant mencionaba en una entrevista: «Hoy la forma de pensar de una empresa no tiene que estar reducida a las fronteras geográficas».

La comunicación, la publicidad, el *marketing* y el posicionamiento de las marcas también han experimentado una metamorfosis. Venimos de un mundo muy simple: antes, quien hacía pan solo tenía que sacar un cartel que anunciara «pan caliente» y así se vendía el producto. En este nuevo contexto en el que nos movemos, la comunicación y la publicidad se volvieron hipercomplejas y sofisticadas; incluso, técnicas, porque cada vez hay más canales, redes y plataformas de comunicación. Hoy, alcanzar a un *target* es mucho más complejo que antes por diversos motivos que van desde la exigencia creativa que requiere captar la atención de consumidores dispersos, hasta las dificultades técnicas que conlleva el uso de data para llegar de modo más eficiente a nuestro público objetivo.

Este escenario líquido, dominado por la posverdad, terminó modificando el sistema de creencias de las personas. Instituciones, gobiernos, marcas, corporaciones, medios de comunicación y otros actores pierden credibilidad, y los consumidores empiezan a confiar más en otros usuarios, las recomendaciones personales y la influencia de líderes de todos los sectores: empresarial, organizacional y político.

En el campo de los medios de comunicación, pasamos de un modelo unidireccional cerrado a un modelo abierto de conversación continua. Surgieron múltiples medios independientes e influenciadores con sus propias redes de audiencia, segmentados en infinidad de temas.

Con la llegada de internet las personas pudieron hablar con las marcas, y fueron las que estuvieron listas para conversar con los consumidores las que sacaron mayor ventaja.

Con las redes sociales, cada consumidor se convirtió no solamente en un consumidor y en un productor de contenido, sino en un medio en sí mismo. Y con un simple clic tiene el poder de vetar una marca por la calidad de su producto o servicio. Hoy las marcas construyen su reputación no solo a través de la publicidad, sino con comentarios reales de los usuarios, que opinan sobre si el producto los satisfizo como clientes o no.

El consumidor elige y condiciona, y empieza a ser más exigente, busca que se escuche su voz. De alguna manera, los negocios se ven obligados a moverse hacia un modelo más transparente. Hoy existen consumidores más conscientes y comprometidos con sus decisiones de compra y consumo, interesados en los métodos de producción que usan las empresas y cuál es su impacto en la cadena de producción. Incluso, quieren saber sus valores o propósito.

Podemos hablar de un cambio de modelo. Las empresas se sienten obligadas a ser más transparentes, pero al mismo tiempo acceden a un montón de beneficios al implementar la transparencia. Empresas como Slack y Zappos aseguran la posibilidad de acceder a mejores talentos para contrataciones bajo esta premisa, logran mejores resultados ya que cada empleado empoderado actúa casi como si fuese el dueño de la compañía, y también mejoran la eficiencia de sus equipos al clarificar sus responsabilidades y definir cómo se conectan estas con las tareas de los demás.

Como toda tendencia, aún no se trata de algo totalmente instalado en el mercado. Sin embargo, por el giro que muchas marcas están dando podemos reconocer un segmento de consumidores más conscientes, con un nivel diferente de cultura, con más exigencia y participación en la economía, en la política y otras esferas sociales. Se trata de un consumidor mucho más activo, más conectado y más sensible con los temas que nos afectan. Está convencido de que sus acciones suman un grano de arena, y actúa en consecuencia.

Todos estos cambios han afectado también el mundo del trabajo. Comenzamos a ver cómo ciertos empleos tradicionales se vuelven obsoletos y empiezan a ser reemplazados por nuevos sistemas, procesos digitales, plataformas de atención, robots, etcétera.

Según el Banco Mundial, el «desempleo tecnológico» masivo es poco probable. No obstante, el mercado laboral está experimentando una gran transformación y es necesaria una respuesta urgente de los gobiernos para preparar a la fuerza laboral del futuro.

Estas nuevas economías demandan empleos y herramientas para emprender, lo que requerirá desarrollar habilidades y capacidades diferentes a las actuales. Si miramos a la región, ningún país de Latinoamérica figura en el *ranking* de los mejores 40 sistemas educativos del mundo. Por eso, uno de los mayores desafíos de los próximos años para la región es la creación de fuentes de empleos en sintonía con los cambios sectoriales, económicos, sociales y tecnológicos que nos tocará vivir.

Una vez vistos los cambios más importantes que se han dado en las últimas décadas en el ámbito del emprendimiento, podemos darle una mirada a las nuevas formas de emprender que exige el mundo actual y a las que deberíamos aspirar a integrarnos.

El sistema, el mundo y la humanidad están pidiendo a gritos una nueva forma de vivir, de manejar la política, la cultura. El momento requiere una nueva consciencia global. Como humanidad, llegó el momento de repensar nuestro rol en este planeta. Aquí nos convoca el emprendimiento, pero con una mirada conectada a las necesidades de hoy.

La invitación, entonces, es a aplicar en la práctica este nuevo nivel de consciencia con una nueva forma de emprender, con una empresa lista para el futuro.

CAPÍTULO 3

LAS FUERZAS DEL CAMBIO

Lo nuevo, lo viejo
La doble verdad
Empresas diseñadas en el pasado
Empresa preparadas
para el futuro

En este capítulo hablaremos de las fuerzas de cambio que actúan en el escenario a la hora de crear algo nuevo dentro de un contexto existente. Nos enfocaremos en emprendimientos que buscan insertarse en la economía de las empresas del futuro. ¿De dónde viene este concepto?

Se trata, en general, de empresas jóvenes, ágiles y adaptables que nos muestran novedosos modelos de negocio. Muchas de estas compañías solucionan desafíos actuales y son capaces de responder a las interacciones y las necesidades de este nuevo milenio.

Esto no significa necesariamente que los cambios vengan solo desde las nuevas iniciativas. Muchas empresas consolidadas están generando grandes innovaciones en productos y servicios en los últimos años. Lo llamativo y digno de resaltar es un fenómeno que solo vivenciamos en la actualidad: la mayoría de las disrupciones no vienen de la mano de empresas líderes en sus rubros, sino de jugadores periféricos, *outsiders* de esas industrias.

Airbnb no surgió de la industria hotelera, no fueron las grandes cadenas de este sector quienes la crearon. Esta plataforma digital nació para responder a la necesidad de viajeros por conseguir espacios alternativos para hospedarse. Más que hacer negocios, se buscó solucionar un problema puntual de personas con una necesidad tangible. La solución fue tan buena y simple que escaló a lo global.

Tesla, que está cambiando el juego en la industria automotriz, no proviene de este sector. Su fundador viene de crear PayPal, una empresa que revolucionó y simplificó las formas de pago en internet. Hoy, desde su compañía SpaceX, Elon Musk está desarrollando proyectos de viajes espaciales.

Tampoco fueron las grandes cadenas de venta minorista las que crearon aplicaciones como Glovo o Rappi; ni Ubber fue ideada por las grandes empresas de transporte.

Esta distinción nos permite ver que los *outsiders* tienen cierta ventaja. Son personas o emprendimientos que no tienen experiencia en la industria en la que operan, por lo que aportan una mirada fresca y no contaminada por la máxima del «aquí las cosas siempre se hicieron así».

Como tienen mucho menos que perder, los *outsiders* son más ágiles e irreverentes. Pueden arriesgarse a cruzar más líneas y llevar una idea a cualquier lugar porque están en la página cero, son libres para transitar o construir su propio camino.

Por el contrario, las organizaciones tradicionales en sus sectores cargan una mochila pesada sobre sus hombros. No solo sostienen un antiguo modelo de negocio, además llevan sobre sus hombros una cultura de cómo hacer las cosas y otros elementos que limitan su movimiento.

En este punto es importante diferenciar «innovación» de «disrupción». La innovación es la mejora de algo existente. Por ejemplo, a un determinado modelo de automóvil que ya está en el mercado se le actualiza algún sistema.

No obstante, la disrupción implica la introducción de un elemento nuevo al mercado, que torna obsoleto lo anterior en muy poco tiempo. Pongamos por caso la bombilla de luz led, que es más barata, práctica y eficiente que la bombilla tradicional. En cierto momento se produce la disrupción y la nueva tecnología reemplaza a la anterior.

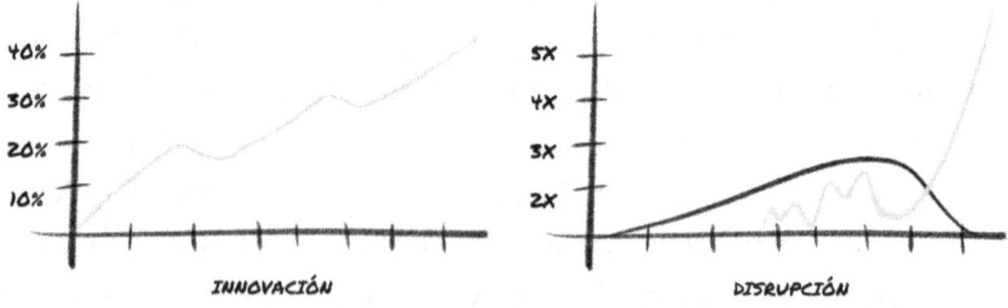

Si bien es posible que los negocios tradicionales sigan sosteniendo gran parte de la economía mundial, no hay que dejar de ver que los nuevos modelos tienen las mayores probabilidades de representar el futuro.

Más allá de esto, la actualidad exige que incorporemos la innovación en todos nuestros procesos de forma constante, y que hagamos de ello una cultura. A pesar de que es una necesidad manifiesta, solo algunos están asumiendo los riesgos y recogiendo el premio. Lograr ser disruptivos es generalmente liderar un nuevo mercado.

Pero atención, no debemos quedarnos atrapados en la discusión de empresas viejas versus empresas nuevas. Sería caer en una falsa dicotomía. Se trata de alcanzar un equilibrio entre los dos mundos y rescatar lo mejor de ambos. Es necesario priorizar una mirada integradora que nos permita mirar estos procesos de cambio como una evolución constante, como un aprendizaje.

Lo nuevo, lo viejo

Para entender estos cambios son importantes los conceptos de *core*, centro, y *edge*, borde.

El centro es lo ya establecido, el *statu quo*, lo que funciona. Se aplica a conceptos empresariales como *core business*, la principal actividad de la organización. También se le asocia a las organizaciones establecidas.

Los bordes se relacionan con lo emergente, las tendencias. En el mundo de las empresas, el *edge* se liga a nuevos proyectos e ideas que están en un estadio más fundacional. En lo tecnológico, también se aplica a los nuevos desarrollos.

Como decíamos, el *edge* nos sirve también para entender distintos fenómenos. Por ejemplo, el cannabis es un tema controversial: algunos países lo combaten como parte de la lucha contra el narcotráfico y otros lo asumen como un problema de salud pública. Incluso, en países como Estados Unidos, Canadá y Holanda el cannabis es una de las industrias emergentes más lucrativas, tanto por su uso medicinal como recreativo. Algo que hace pocos años era marginal, con el tiempo puede convertirse en algo aceptado.

Lo mismo pasa en otras áreas. Años atrás, el grafiti se relacionaba con el vandalismo; hoy es una expresión artística que se expone en los grandes museos del mundo.

El centro y el borde no son solo conceptos empresariales, también pueden designar fenómenos sociales, como los cambios generacionales o económicos, como el desarrollo de nuevas actividades e industrias.

En este nuevo escenario mundial es importante que el liderazgo tenga una mirada integradora del *core* y del *edge*. Si somos capaces de articular de una manera más saludable y sin fricción lo que nace de los laterales con el centro, tendremos una gran ventaja para movernos con más rapidez y aprender y reaprender velozmente en este contexto cambiante.

Todo sistema —una empresa, una industria— tiene un *core* y un *edge*. Incluso, lo que nace hoy en los bordes mañana puede ser el centro. Ese es el ciclo normal de incorporación de lo nuevo, solo que antes esto sucedía a un ritmo lento y ahora los cambios se imponen con mayor celeridad.

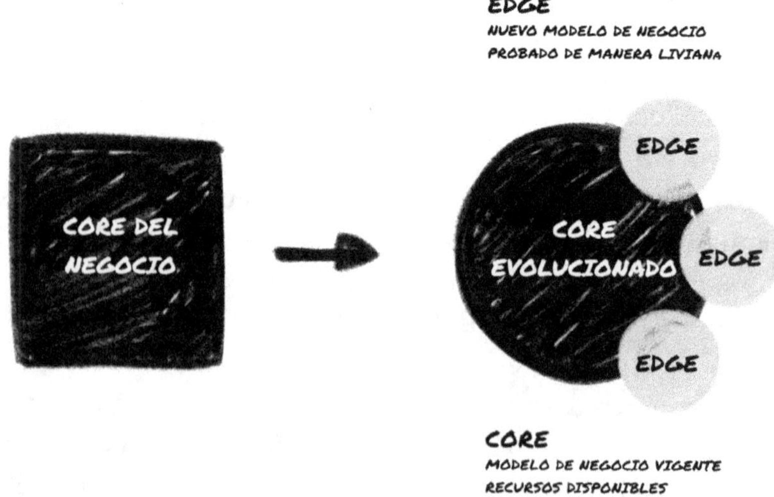

Podemos imaginar el *core* como un crucero y el *egde* como una lancha. El crucero puede viajar miles de kilómetros y cuenta con una estructura que le permite mantenerse a flote en aguas muchas veces turbulentas. En cambio, una lancha tiene menor autonomía en distancia pero en su caso puede realizar giros a 180 grados cuando un crucero todavía no empezó a dar la vuelta. Ambos tienen sus pros y sus contras.

La pregunta es: ¿transformamos lo que existe o creamos algo nuevo? Esta es una disyuntiva que se plantean muchos líderes de organizaciones ante los desafíos que emprender implica en este momento.

Sin duda, comenzar desde cero, con todos los aprendizajes, herramientas, recursos y data que tenemos hoy día, brinda una enorme posibilidad de diseñar algo nuevo, desde nuevas estructuras ya acondicionadas para esta nueva era.

Imaginemos una casa que fue construida y ampliada por 20 años adaptándose a sus distintas necesidades y posibilidades. Esa casa evidentemente presenta muchas limitaciones para seguir creciendo sobre la misma estructura. Algunas veces, y dependiendo de las expectativas de crecimiento, es considerable construir algo nuevo al lado de lo establecido. Refundar para comenzar de vuelta con libertad.

Este proceso no tiene porque ser dramático ni necesariamente más costoso. Por el contrario, puede ser un proceso saludable de experimentación, crecimiento, y bien planteado debería ser más eficiente a largo plazo.

De todos modos, lo importante no pasa por elegir entre el *edge* y el *core*. Se trata de entender que son fuerzas presentes que pueden ser usadas para incorporar innovaciones de forma más eficiente a un sistema. La combinación inteligente de ambos mundos nos pondrá en un centro saludable desde donde operar y sacar mejores conclusiones.

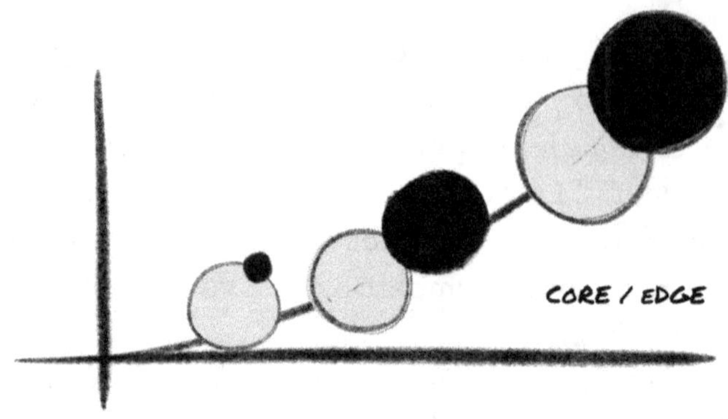

Por supuesto, el *statu quo* se tiene que modernizar. Hay que trabajar en el *core*, y de hecho existen empresas *core* mundiales muy innovadoras que están incorporando tecnología a una velocidad muy rápida. Debido a que son el segmento principal del movimiento económico, el gran desafío es modernizar las estructuras que ya tenemos.

Es obvio que a las corporaciones no les gusta que nuevos emprendimientos más rápidos sacudan sus negocios y alteren sus planes. Toda organización tiene mecanismos de defensa que la protegen frente al cambio. Podemos hablar mucho de innovación, pero la verdad es que en el fondo al ser humano le cuesta enfrentar lo desconocido, preferimos permanecer donde estamos. Explorar el camino de la transformación es incómodo. Es como el calzado: en lugar de buscar zapatos nuevos, que requieren que nos adaptemos a ellos, preferimos caminar con unos gastados pero que nos resultan familiares.

Esto, que en los individuos tiene un fuerte componente cultural y psicológico, en las organizaciones funciona de forma similar al sistema inmunológico del cuerpo. Ante la aparición de algo nuevo, la primera respuesta es el ataque.

En los grupos, esta respuesta se activa con el pesimismo, el rechazo a pedidos y actividades, la desjerarquización de los temas y otras conductas que frenan iniciativas de cambio.

Tener en cuenta estos elementos nos ayuda a reconocer a las empresas y organizaciones como organismos vivos, en movimiento, impulsados por personas que ponen energías en frentes comunes con un fin.

Más importante aún, comprender estas fuerzas nos permite entender contra qué luchamos cada vez que hacemos algo nuevo, para planificar una estrategia que haga posible avanzar con estos proyectos de una manera más eficiente.

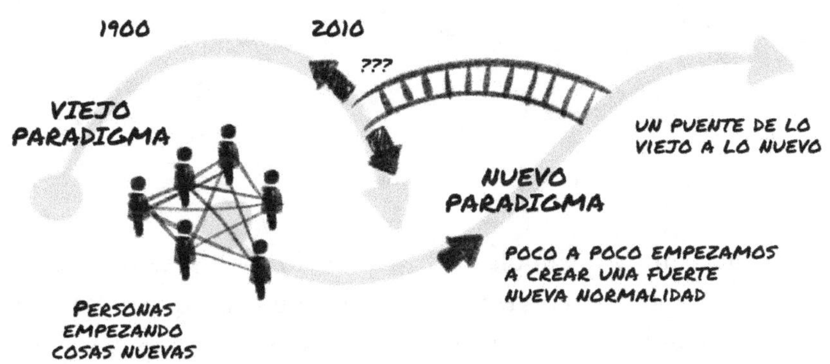

Existen diversos enfoques que nos permiten explorar el emprendimiento desde ángulos alternativos a los que iluminan los libros de negocios. Con sus particularidades, todos coinciden en que las empresas del futuro serán las que den lugar a las personas, sus sentimientos, sus ganas, problemas, y las que adquieran habilidades para destrabar tensiones en los procesos de trabajo, entendiendo los sistemas culturales que priman en la organización.

La doble verdad

¿Dónde empieza lo nuevo y dónde termina lo viejo? ¿Existe una línea entre lo que está desapareciendo y aquello que lo está reemplazando?

Vivimos un momento de transición en el que se superponen dos modelos. Este proceso se conoce como la «doble verdad»: lo viejo no termina de desaparecer y lo nuevo no termina de consolidarse. La convivencia entre dos verdades presentes alimenta la incertidumbre y también divide las opiniones.

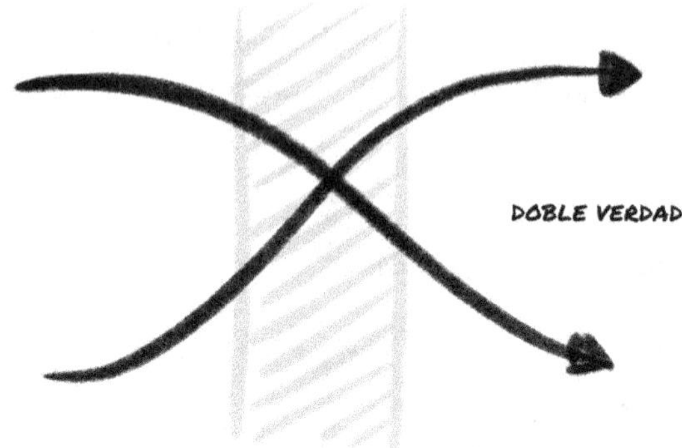

Hoy es muy fácil polarizar la discusión. Un grupo puede decir que las empresas actuales nunca van a morir porque no se termina de entender lo que hacen las compañías tecnológicas, y otro grupo puede decir que todas las empresas actuales quebrarán en el futuro porque la tecnología es lo único que existe. Probablemente, ambos tengan razón.

Esto es parte de la ambigüedad del momento, e intensifica la búsqueda por alcanzar un sano equilibrio, algo que es parte de la vida misma. En este caso, el equilibrio entre dos mundos: lo mejor de las empresas existentes y lo mejor de las empresas por venir.

Lo cierto es que los cambios se dieron muy rápido. Ahora, estas empresas tradicionales ya no funcionan de manera tan eficiente porque no se adaptan a las exigencias de los tiempos actuales, y por lo tanto necesitan una nueva forma de emprender. Debemos mejorar, o directamente repensar, el modelo de empresas actuales.

El futuro pasa por sintetizar ambos modelos. Lo más saludable es apostar por una integración saludable, fluida y con la menor fricción posible del pasado y el futuro para diseñar un presente que queramos vivir. Reconocer el potencial de todo para ser más eficientes en el proceso de emprender.

Empresas diseñadas en el pasado

En la mirada tradicional, la finalidad de las empresas está enfocada en el lucro económico y está condicionada por un balance o un resultado final. El modelo de gestión se basaba en el liderazgo vertical, los organigramas y los niveles jerárquicos.

Este modelo, que fue eficaz tanto en las empresas como en gobiernos, fuerzas armadas e instituciones religiosas, tiene varios costados negativos.

Por un lado, genera dependencia de la organización respecto de un individuo o un grupo reducido de personas, dependientes de un líder/dueño de la empresa con la verdad absoluta. O enmarcados en reglas rígidas y políticas que son muy buenas para escenarios que no cambian, pero muy poco ágiles para contextos complejos y competitivos.

Por otro lado, además de restar agilidad a la organización, este tipo de conducción suele limitar la iniciativa individual, la innovación colaborativa y la autonomía en los equipos, exigiendo un paso burocrático innecesario en todas las tomas de decisiones, incluso las más mínimas y operativas. Ni imaginemos el alto costo de energía y tiempo que genera en estas organizaciones desarrollar cambios, innovaciones o un nuevo producto o servicio.

Volvamos a la analogía del crucero y la lancha: mientras en uno estamos pidiendo permiso para subir al primer piso, el otro ya nos lleva tres kilómetros de ventaja. La clave es que las viejas estructuras no están culturalmente adaptadas a esta modernidad actual que a muchos tomó por sorpresa y ante la que no saben cómo reaccionar.

Todo este nuevo contexto, al que se sumó la pandemia, nos muestra tres tipos de organizaciones: las que ya venían preparando empresas listas para el futuro, que están enfrentando mejor esta crisis e incluso están creciendo; las que no se actualizaron en los últimos años y están incorporando tecnología a gran velocidad para conectarse, colaborar y operar a distancia en esta nueva normalidad; y las que murieron.

Cuanto más estructuradas son las empresas, la resistencia es más fuerte. Los procesos se vuelven cada vez más duros, más pesados y más lentos. Es un marco poco propicio para la innovación y el cambio en un momento en el que el contexto nos pide estas capacidades a gritos.

Es comprensible que dentro de sistemas desarrollados, estables y que vienen funcionando desde hace tiempo se intente proteger eso que está dando vida a la organización.

Pero también es cierto que después de una, dos o tres batallas perdidas, las personas con pensamientos innovadores se desmotivan y se amoldan a lo existente, y la fuerza impulsora del cambio se desvanece.

En buena medida, estas empresas son así porque fueron creadas en otra época, en el siglo pasado. Vienen de un contexto analógico, predigital, con intereses económicos, sociales y culturales diferentes.

Empresas preparadas para el futuro

Emprender en este nuevo contexto nos abre muchas oportunidades. Por ejemplo, para entender el pasado y utilizar mejor lo aprendido, y para evitar los errores en los que cae el modelo actual.

Sería un despropósito diseñar hoy un nuevo emprendimiento con prejuicios y cultura del pasado. Si ya nace en un nuevo contexto, ¿por qué negarle posibilidades para hacer cosas radicalmente distintas? No se trata simplemente de crear una nueva empresa, sino de construir una organización con características claves para este nuevo contexto. A los nuevos emprendimientos hay que dejarlos ser, darles alas para que puedan volar a la altura que el momento exige.

¿De dónde vienen estos conceptos? Desde hace tiempo, diversas organizaciones, centros académicos y personas alrededor del mundo vienen investigando, publicando y generando conciencia sobre un nuevo modelo de empresa.

En los últimos años, aparecieron decenas de publicaciones que tienen un impacto muy alto en el mundo del emprendimiento.

Desde su lugar, cada uno de estos textos nos invita a replantearnos cómo intervenimos en este nuevo escenario.

Gran parte de las reflexiones de este libro proviene de dichos aprendizajes, y deseamos que tengan el mismo impacto que otras ideas tuvieron en nuestra experiencia.

En este universo de investigación sobre el emprendimiento, algunas corrientes abordan estas cuestiones desde la academia, y otras desde afuera. Algunas apalancan su visión en el impacto, otras desde la tecnología y el diseño. Se trata de iniciativas que brindan una mirada nueva y fresca al modelo de hacer negocios en un nuevo contexto mundial. Cada una ha aportado una mirada única y valiosa a nuestra experiencia de emprender.

Todos estos conocimientos convergen en la idea de empresas del futuro. Una de las principales características de estas empresas es el propósito. En la actualidad, las organizaciones más fuertes son aquellas que tienen propósitos sólidos, claros y bien comunicados dentro de su equipo, y que guían sus acciones, dan un sentido, refuerzan el porqué se hacen las cosas y aportan mucha claridad a la organización.

Otra característica, tan importante como el propósito, es la capacidad de la empresa para conectarse con los grandes retos globales. Esta modernidad que vivimos en el presente plantea necesidades en muchas esferas de la vida social, y demanda que las empresas sean sensibles a estos desafíos y que sean parte de la construcción de un mundo diferente.

Además de que el modelo vigente nos está llevando a un callejón sin salida, hoy en día las personas valoran a las empresas que actúan, aquellas que son parte no del problema, sino de la construcción de una solución.

Las empresas que tienen propósitos claros y son parte de algún tipo de respuesta a un problema social logran construir comunidades sólidas y consiguen establecer un vínculo muy fuerte con las personas, más allá de la compra o la venta; los consumidores se sienten identificados con el producto o servicio.

Muchos consumidores están dispuestos no solo a pagar más por un producto, sino también a salir a defenderlo, embanderarse con él si es genuino, y se conectan con algún propósito mayor que su mero uso.

Por supuesto, las empresas del futuro serán también compañías apalancadas en el uso intensivo de tecnología, más allá de que sean o no empresas tecnológicas. Es ilógico no utilizar estos recursos habiendo tantas herramientas gratuitas a solo un clic de distancia.

Sin embargo, cuando hablamos de tecnología no solamente hablamos de la tecnología digital, de plataformas, *softwares* y sistemas. Nos referimos también a la tecnología social relacionada con darle espacio a la vida personal de los integrantes de la organización, con generar conversaciones de calidad e interacciones positivas que fomenten espacios saludables y la innovación abierta.

Esa tecnología social es clave para construir grupos conectados con propósitos y con normas de trabajo muy claras que logren equipos ágiles, autónomos y descentralizados. Y así, que surjan sistemas mucho más abiertos y orgánicos que permitan que la organización fluya de una manera mucho más saludable y rápida a la vez.

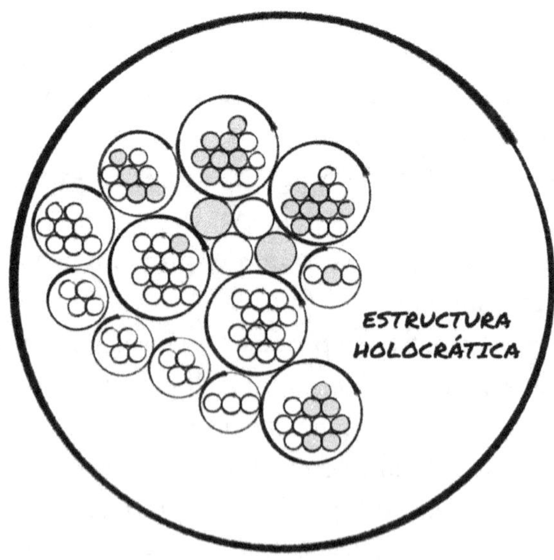

Las empresas del futuro también usarán conceptos como «escalables» y «replicables» para referirse a productos con potencial de impacto exponencial. Si estas organizaciones hacen las cosas bien, participan de los grandes retos globales y utilizan tecnología para apalancar su crecimiento, tendrán altas oportunidades de jugar un partido verdaderamente mundial, con la posibilidad de llegar a todos los rincones del planeta.

Muchas de estas compañías estarían utilizando en alguna medida el modelo de organizaciones exponenciales, un concepto que creció mucho en los últimos años y que propone un mapa de ejes claves que incluyen a empresas con personal bajo demanda, comunidades, algoritmos, activos externos, uso de interfaces, automatizaciones de procesos, uso de data y tableros de seguimiento y control.

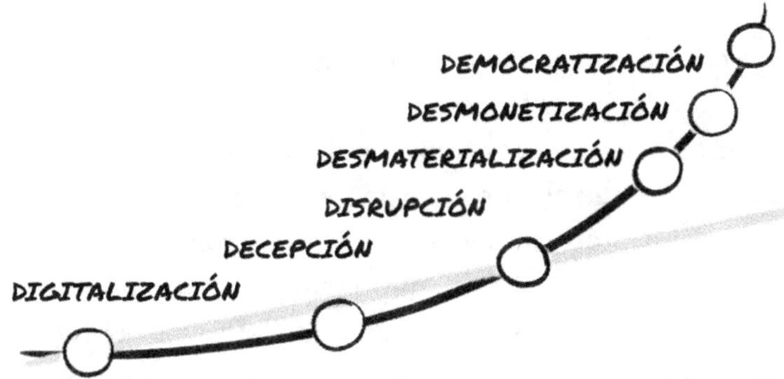

Además, este tipo de empresas tendrán incorporada la experimentación. Dejarán de ver el fracaso como un error, para incorporarlo como parte de un proceso de aprendizaje y como un paso más cerca de llegar a la solución.

Asimismo, tendrán sistemas de organización y gestión que fomenten la autonomía de sus colaboradores, de los flujos de trabajo, de las integraciones con proveedores y cadenas de producción. Organizaciones que lejos de ser empresas centralizadoras de información gestión y poder estarán basadas en modelos descentralizados o incluso algunas con modelo distribuido basado en propósitos, metas, indicadores, valores y formas de trabajo.

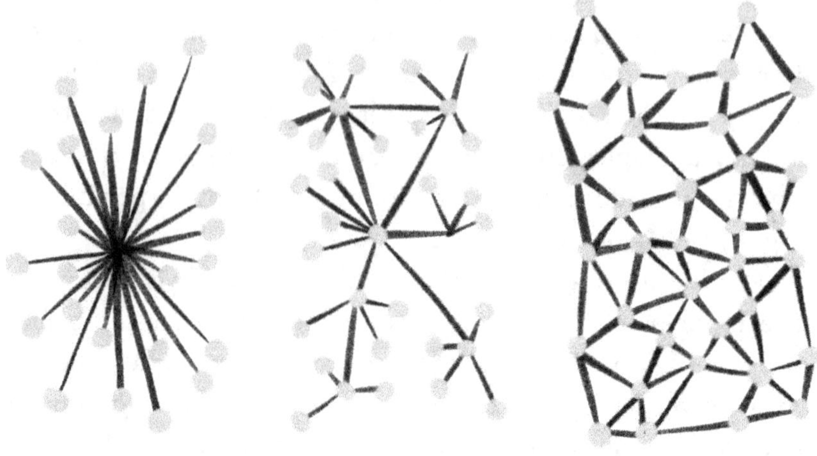

Otra característica clave de las empresas preparadas para el futuro es que estarán muy conectadas con sus usuarios. No se concebirán como los únicos portadores o dueños de la verdad, entenderán que esta está en el mercado y la tienen los consumidores en sus manos. Así, los productos y servicios serán abiertos y codiseñados con sus propios usuarios en tiempo real.

Las marcas y empresas deberán afinar sus sensores para detectar las demandas y tensiones que se planteen en este nuevo sistema y traducirlas rápidamente en propuestas para satisfacer esas necesidades. Las empresas del futuro serán las que más rápido entiendan esta nueva modernidad y se adapten a ella. Es decir, alinearse con los deseos del nuevo consumidor global y hacerlos realidad en el menor tiempo posible.

En este nuevo escenario se produce una democratización de las posibilidades y las oportunidades: lo nuevo puede venir desde cualquier lugar. Actualmente, tanto un jugador grande como uno chico pueden causar disrupción en cualquier categoría. De hecho, como decíamos antes, muchas de las organizaciones que están cambiando el juego en distintos rubros son nuevas en la industria en la que operan.

En este momento podemos ver empresas globales que se desarrollan en múltiples mercados y en realidad son 20 personas en una oficina. Antes, compañías de este tipo empleaban a miles de personas en cientos de lugares.

Los indicadores claves para analizar a las organizaciones ya no son cuántos trabajadores tiene, cuánto factura o cuántos activos posee, sino cuánta rentabilidad tiene, a cuántos usuarios llega, la calificación de su servicio y el impacto que genera, entre otros.

Una vez que entendemos el contexto y cómo son las empresas del futuro, podemos pasar a lo que nos convoca: crear, entender, ordenar, visualizar tu idea particular de emprendimiento o de negocio.

Acabamos de atravesar un capítulo intenso, cargado de información, pero que resulta fundamental para dar un marco histórico y teórico a la idea de empresas del futuro. Una idea que, lejos de ser algo abstracto, está en nuestras manos desde el lugar que nos corresponde. Por ejemplo, en las decisiones que tomamos desde el emprendimiento.

Deseamos que estos datos y conceptos sean una puerta de entrada o una forma de refrescar ideas para quienes ya están familiarizados con ellas. En ambos casos, esperamos que el lector pueda aprovechar estas herramientas valiosas para desarrollarse en el fascinante mundo del emprendimiento.

CAPÍTULO 4

EL VALOR DE LAS IDEAS

ALGUNAS IDEAS PUEDEN LIMITARTE
PASEMOS DE LA IDEA A LA IDEACIÓN
LA MATERIALIZACIÓN DE LA IDEA

Para emprender, necesitas una idea. Y muchas personas creen que, si tienen la idea, lo tienen todo. Sin embargo, ese pensamiento no vale nada si no tenemos la capacidad de materializarlo.

Los emprendedores más exitosos del mundo son personas que tienen la capacidad de hacer. Identificaron una necesidad, un vacío en el mercado o una oportunidad de mejora de cosas existentes y construyeron una solución para ese problema.

La sobreestimación de la idea puede llevarnos a comportamientos mezquinos, como no compartirla con potenciales socios o mentores por temor a que nos la roben o copien. Por supuesto, se debe ser cuidadoso con la información delicada, pero salvo que tengamos en las manos un descubrimiento científico que va a cambiar la historia de la humanidad o la patente de una fórmula secreta, ¿por qué proteger tanto las ideas?

Al fin y al cabo, la fórmula del emprendimiento es: una idea + la capacidad de hacer + el momento + un mercado + un cliente (y la lista podría seguir).

Además, si pasamos del concepto de «mi idea» al de «nuestra idea», esta se vuelve más poderosa; deja de ser la idea de una persona para convertirse en algo colectivo.

De esto se trata la innovación colaborativa: abrir ciertos procesos de creación o búsqueda de soluciones a través de la incorporación de nuevas miradas que luego pueden sumarse a la idea inicial.

Otra resolución que deberíamos incorporar casi como un mandamiento del emprendimiento es la conocida frase «1% de inspiración y 99% de transpiración». Los modelos de éxito en la empresa y en distintas esferas de la vida están ligados a grandes historias de esfuerzo y pasión. Es cierto que hubo una buena idea, pero la mayor parte del éxito fue trabajo.

Si queremos conseguir capital semilla o inversión para nuestro emprendimiento, tenemos que convertir de alguna manera la idea en algún tipo de prueba que permita confirmar que ese concepto tiene cabida en el mercado. Puede ser a través de una presentación, un prototipo o una muestra.

Sin embargo, los inversores con experiencia apuestan más por los emprendedores que por las ideas, que pueden cambiar una y mil veces en el proceso. Lo más frecuente es que la historia del emprendedor —sus logros, sus fracasos y sus aprendizajes— sea lo que incline la balanza en la cabeza del inversor para definir su apoyo (o no) al proyecto.

Algunas ideas pueden limitarte

Además de las realidades que supone todo emprendimiento, también es importante reconocer nuestros miedos y limitaciones. El primero es el miedo al fracaso. No nos animamos a fallar. Estamos condicionados por un modelo educativo que se expresa en un sentido amplio: escolar, familiar, social y corporativo. Se premia el éxito y se castiga el fracaso. Este es un concepto tan incorporado a nuestra cultura que, como no podría ser de otra manera, está presente en el emprendimiento.

Normalmente, esta es una de las mayores limitantes. Aquí te invitamos a desarmar esa idea, a dejar de entender el fracaso como una cuestión necesariamente negativa. Por el contrario, podemos concebir el fracaso como un experimento controlado, como parte de un proceso de prueba y validación de hipótesis. Lejos de desanimarnos, el fracaso nos tiene que llevar a corregir las hipótesis e intentarlo de nuevo.

El emprender es un camino de microfracasos constantes que nos permiten lograr aciertos que puedan ser replicados. El desafío es convertirlos en microaprendizajes permanentes que nos lleven a ofrecer mejores productos y servicios.

Estrechamente vinculado al miedo al fracaso aparece el miedo al cambio. Por más que pregonamos teorías sobre la innovación, también tenemos miedo a las transformaciones, a lo nuevo, a lo que aún no conocemos. Es un sentimiento humano muy primario.

Este es un momento interesante para desaprender, para dar lugar a nuevos conocimientos. Al igual que en nuestros roperos o nuestras casas y oficinas, en nuestra cabeza tenemos que sacar lo que ya no usamos y dar espacio a otras cosas nuevas. Así como actualizamos la ropa, el alimento, el vehículo y la tecnología, ¿por qué no haríamos lo mismo con nuestros *softwares* de pensamiento, sobre todo en este mundo nuevo y cambiante?

Entonces, es importante buscar un conocimiento de mediano plazo, pero, a la vez, vinculado a este mundo cambiante, que se transformará aún mucho más.

En la entrevista «Las dos únicas destrezas que necesitarás para el resto de tu vida» que Tom Bilyeu le hizo a Yuval Noah Harari para Impact Theory, el historiador israelí ofreció una imagen potente al referirse a los modelos de aprendizaje: «Si en el pasado la educación se parecía a construir una casa de materiales sólidos, como la piedra, y con cimientos profundos, ahora se parece más a construir una carpa que se pueda doblar y llevar a otro lugar con rapidez y sencillez».

Y podríamos agregar: ¿en qué momento conviene hacerlo?

Si queremos ir a lo seguro, tenemos que hacer lo que ya se probó que funciona. Es una opción válida, en los negocios y en la vida. Sin embargo, es muy improbable que lo nuevo nazca de lo seguro, un espacio cerrado a las tendencias emergentes.

Si queremos probar cosas nuevas, tenemos que estar dispuestos a equivocarnos. Lo nuevo, simplemente, no tiene precedentes. De eso se trata la experimentación.

Otro prejuicio que debemos desarticular es que sin inversión no se puede emprender. Muchas veces, termina siendo una excusa para permanecer en nuestra zona de confort. Por supuesto, es muy difícil emprender sin capital. Es una de las herramientas fundamentales para cualquier emprendimiento serio, pero el emprendimiento no se limita exclusivamente a la inversión. De hecho, hay muchas formas de acceder a financiamiento.

En este contexto, más que dinero se necesitan más herramientas técnicas, soporte e información. Emprender se convirtió en un proceso mucho más especializado, de características técnicas y conceptuales. Si nuestras iniciativas no se vuelven más sofisticadas, tienen menos oportunidad de subsistir en este nuevo escenario.

Este material que tienes en tus manos busca brindarte herramientas y ayudarte a aclarar el camino. Pero volvamos a las ideas, la invitación que te hago a través de las páginas de este libro es: si tienes una que te apasiona, sácala. Hazla real y pruébala.

Pasemos de la idea a la ideación

Las ideas que están en nuestra cabeza son intangibles, no existen físicamente.

En este sentido, sugerimos el concepto de «ideación», que junta las palabras «idea» y «acción» para nombrar el proceso mediante el cual lo etéreo empieza a tomar forma.

Es importante considerar las condiciones ideales para un proceso de ideación en grupo. Un buen equipo de trabajo, actitud constructiva y mirada optimista, por mencionar solo algunas de ellas, son claves para que estos procesos proporcionen mejores resultados.

También contamos con herramientas potentes para procesos creativos colaborativos, que permiten que los equipos trabajen de forma remota y asincrónica. Por ejemplo, sistemas en la nube, documentos en línea, plantillas, presentaciones y tableros nos brindan enormes posibilidades en este campo.

Muchas veces, el proceso de ideación requiere imaginarnos algo que aún no existe. Este nuevo escenario invita a ampliar la mirada, a emprender no solo en espacios altamente conocidos sino también en áreas nuevas.

En cierta forma, se trata de un equilibrio entre el caos y el orden. Entre lo caótico de un proceso creativo, incierto, donde no todo está bajo control, y el orden de los objetivos, las reglas, los plazos, las metas.

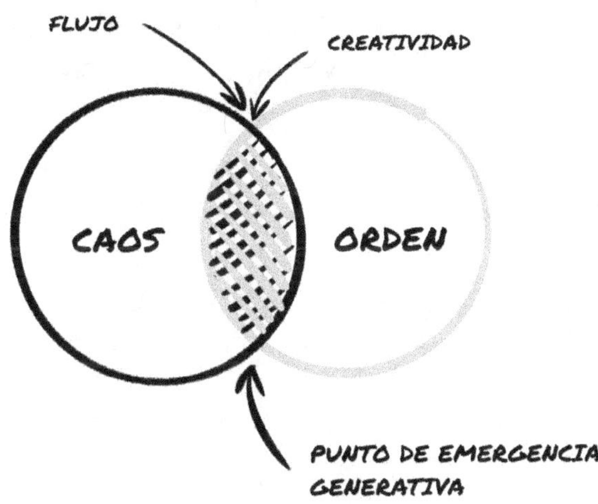

En general, la idea de caos resulta rara cuando hablamos de hacer empresa. Sin embargo, Visa Inc. creció y se expandió en todo el globo hace 50 años gracias a una teoría conocida como caórdica. Este enfoque, elaborado por su exdirector ejecutivo, Dee Hock, se basa en la intersección del caos y del orden.

Este concepto desde el cual se diseñó el modelo de expansión de Visa en el mundo permitió trabajar en zonas desconocidas o impensables para ese entonces, descentralizando parte de las operaciones con un formato novedoso para el momento, asumiendo ciertos riesgos pero con enormes ganancias. Así es el espacio donde nace lo nuevo.

Por último, pero no por eso menos importante, también es útil entender los tiempos y las energías que se necesitan para los procesos divergentes y convergentes del proceso de ideación.

Desde la divergencia, comenzamos el recorrido a través de la búsqueda, el descubrimiento, la exploración, sin juzgar ni limitar el proceso creativo. Se trata de momentos de exploración y búsqueda donde rastreamos, recogemos y sumamos referencias, datos o ejemplos que puedan servir al desarrollo.

Luego, a través de la convergencia decantamos y elegimos las mejores opciones en una fase más crítica y reflexiva que termina con la destilación final del proceso. Iniciamos un camino de selección, revisión y descarte de lo recolectado para quedarnos con la selección de las mejores opciones, ideas, referencias.

Este proceso de apertura y cierre, o divergencia y convergencia, puede ser aplicado y es muy útil tanto para procesos creativos, de ideación, de exploración o análisis de temas.

Ahora que conocemos el valor de la idea, que sabemos cuáles son las barreras internas que hay superar y que tenemos la actitud positiva que necesitamos, estamos listos para comenzar a idear y emprender.

A lo largo de la historia, los sueños han llevado a la humanidad a alcanzar logros considerados imposibles poco tiempo atrás.

La materialización de la idea

Dos personas pueden leer la misma historia pero representarla en su mente de formas muy distintas.

Por eso, bajar la idea al papel permite hacer tangible lo que tenemos en la cabeza, y, especialmente, transmitirlo a otra persona para que pueda entenderlo con la menor cantidad de interferencias posible.

De todos modos, este énfasis que ponemos en lo tangible no debe hacernos desvalorizar los espacios de conversación e innovación, sobre todo colectivos, en el proceso de ideación. Es un momento casi místico y alquímico en el que se mezclan diversos saberes y se ponen al servicio de la idea.

La secuencia creativa que planteamos, y que podría resumirse en la consigna: «de la mente a la palabra, y de la palabra al dibujo», puede hacerse de diversas maneras, desde las más sofisticadas hasta las más simples. Todas catalizan nuevas ideas y abren caminos que no imaginábamos.

Gran parte del éxito en estos procesos creativos se relaciona con animarse a explorar, soltar la mente y escribir todo lo que va fluyendo, sin juzgar si las iniciativas son viables, posibles o buenas. Esta práctica es conocida como tormenta de ideas.

Para que salgan cosas interesantes, antes tienen que poder entrar. Esto tiene que ver con la curiosidad y la creatividad, con cómo absorbemos el arte, las noticias, la cotidianidad, la cultura y las costumbres, para después transformarlo en algo distinto. Ser curiosos. Escuchar con los ojos mediante la observación de las personas y lo que les importa en sus espacios, a través de sus objetos y cómo interactúan con otras personas. Identificar el comportamiento del sistema. Determinar lo que le importa a la gente. Entender el lenguaje corporal. Reconocer patrones. Acoger lo inesperado.

Es importante darle lugar a la inspiración. Esta no viene en un horario determinado, pero cuando aparece hay que abrirle espacio. Muchas veces las mejores ideas no llegan en el mejor momento. Por eso, debemos estar abiertos a recibirlas cuando aparezcan. Los procesos creativos no son lineales ni racionales.

Las ideas necesitan su tiempo de maduración y debemos tener la inteligencia suficiente para dárselo. Siempre poner en perspectiva las cosas para que tengan tiempo para desarrollarse, mirarlas desde distintos ángulos y abordarlas de manera innovadora. A veces, con solo un poco de tiempo y distancia encontramos hallazgos maravillosos en el proceso de ideación.

Es importante no quedarnos entrampados en la ideación, pero tampoco solo en el hacer. Se trata de aprender a encontrar un equilibrio entre ambos momentos, dando espacio a la validación, la maduración y el pensamiento.

La forma más básica para que una idea sea tangible es hacer un *one page*, escribir la idea en una página. Puede ser un primer paso interno para ayudarnos a reflexionar y a ordenar las ideas. Escribir nos obliga a definir cosas y tomar decisiones. Existen múltiples modos de escribir un documento.

Además de usarlo para ordenar nuestras ideas y tomar decisiones, un escrito corto puede servir para mostrar el proyecto a un posible socio o para validarlo con algún mentor. También para tacharlo y escribirlo de vuelta.

Esta disección del emprendimiento y sus partes no tiene que hacernos pensar que se trata de un proceso demasiado complejo o largo. Hay buenas prácticas que nos han servido a algunos emprendedores. Algunas de ellas se han hecho masivas y se han convertido en herramientas.

Trabajar procesos como un *pitch*, una presentación narrada de tu idea en un resumen, hacer un lienzo de modelo de negocio (*business model canvas*), trabajar un plan de negocios o hacer un beta son procesos sumamente valiosos en el proceso de ideación.

A veces tenemos una idea en la cabeza, pero al escribirla y debatirla con un mentor u otras personas vemos dimensiones que no estábamos observando, y podemos resignificarla. El papel es como un lienzo: podemos hacer trazos y, si no nos conforma lo que vemos, lo tiramos y empezamos de nuevo.

Quizás por ser hijo de una arquitecta, o porque siempre me gustó dibujar, desde pequeño hasta hoy uso cuadernos, en lo posible sin rayas. Todavía conservo muchos de los que usé en mi etapa de emprendimiento. Si recorro sus páginas, encuentro anotaciones e ideas que hoy son empresas.

En plena era digital, te recomiendo este ejercicio: compra un buen anotador que te acompañe como herramienta de trabajo. La invitación es que volvamos a dibujar, a hacer trazos, a escribir aprendizajes e ideas. Es una herramienta muy simple y valiosa para moldear las ideas.

Escribamos dos, tres, diez papeles si es necesario, y quedémonos con el mejor. Es la manera más barata de experimentar: solo cuesta la cantidad de hoja de papel y el tiempo que estemos dispuestos a dedicarle.

En lugar de enamorarte de tus mejores ideas y guardarlas solo para ti, debes exponerlas rápido a la experimentación. Si sobreviven, significa que son buenas.

Pero para avanzar, antes prepárate. Recuerda que las ideas son, además, las creencias y los paradigmas que te permiten o impiden hacer algo. Cuanto más amplio es tu conocimiento, más extenso es el escenario que puedes ver y donde puedes jugar.

Muchas veces, ciertas creencias también nos impiden ver oportunidades que están sobre la mesa. Como dijimos al comienzo de este libro, la palabra «creer» está directamente relacionada con la palabra «crear». Nuestra creencia influenciará lo que podamos crear.

EMPRENDER MEJOR

La mentalidad ideal
para emprender
¿Cómo mirar el
emprendimiento hoy?
Emprender con procedimiento
El procedimiento que
propone Beta

Si bien las mejores iniciativas son las que nacen desde la emoción, el emprendimiento requiere, además, técnica. Todos los cambios que venimos abordando en los capítulos anteriores son prueba fehaciente de que el mundo del emprendimiento se ha vuelto más complejo, y de que esa complejidad crece vertiginosamente.

Se requiere entonces de una hoja de ruta, de conceptos, mentoría y muchísimos elementos de los que agarrarse para sobrevivir al cambio. Hoy nos enfrentamos a un mercado mucho más rápido y competitivo. Ya no basta con tener pasión, se necesita también mucho cerebro.

Hoy, además de ofrecer productos y servicios de calidad, tenemos que ser mejores en administración, comunicación, estrategia, redes y construcción de comunidades. Estas son tareas complejas de realizar para un equipo chico o para quien no tenga los recursos suficientes. Tampoco es imposible, pero debemos ser conscientes de los desafíos que tenemos por delante antes de comenzar a emprender.

La mentalidad ideal para emprender

Cuando hablamos de «organizaciones del futuro» no solo nos referimos a estructuras, sino también a personas. Más allá de apostar por nuevos modelos de empresa, necesitamos formarnos como nuevos modelos de emprendedores, con la mentalidad adecuada para liderar los equipos que construirán las empresas del futuro.

En esta mentalidad es fundamental incorporar algunas miradas ausentes en el modelo tradicional pero que aportan un enfoque fresco, innovador y progresista del mundo del emprendimiento. Hablemos de algunas de ellas:

Abundancia. Hoy en día existe una mirada mayormente regida por la escasez. Siempre clamamos por la falta de tiempo, dinero, recursos o tecnología para llevar adelante un proyecto. Esto puede darse en algunos contextos, sin embargo, si miramos el mundo desde el paradigma de la abundancia podemos encontrar un panorama distinto, lleno de posibilidades en un nuevo contexto con más información, más acceso a tecnología, necesidades claras y concretas de un mercado que crece, abundancia de talento global cada vez más cercano.

Un ejemplo de ver la realidad con los lentes de la abundancia es el acceso que tenemos a nuevas soluciones a través de *softwares* en nuestros teléfonos inteligentes. Nunca un dispositivo estuvo tan al servicio de nuestras necesidades, tan al alcance de una gran parte de la población, a tan bajo costo; una gran herramienta de comunicación, gestión e incluso seguimiento y operación de cientos de emprendimientos. Apenas unas décadas atrás ese nivel de tecnología era accesible solo a unos pocos ejecutivos.

El concepto de abundancia nos permite desapegarnos de una mirada exclusivamente negativa de la realidad y nos invita a construir y liderar desde el optimismo y desde los recursos que sí tenemos, más desde los que nos faltan. Nunca se construyó nada relevante desde el pesimismo. Al mismo tiempo, una mirada teñida por la abundancia nos permite encontrar oportunidades no exploradas, no solo en el mercado sino también en la forma de producir, en la manera en la que nos organizamos y en las posibilidades de potenciar nuestros proyectos.

Mejora continua. Es importante entender que venimos de un mundo que funcionó por mucho tiempo de manera lineal. La definición de una idea venía, por lo general, seguida de una planificación y un enorme esfuerzo en conseguir el capital para el desarrollo de lo que se buscaba lograr. Todo este proceso era ya demasiado pesado para volver a intentar otra cosa si algo salía mal, por lo que se terminaba abandonando el proyecto en la mayoría de los casos.

A diferencia de este camino, hoy la tendencia invita a construir por capas, empezando con versiones livianas que no impliquen demasiado esfuerzo, y mantenerse en movimiento con revisiones constantes que permitan ajustar detalles a medida que avancemos.

Este abordaje nos da la posibilidad de intentar una y mil veces, de abrazar el fracaso rápido y barato, y encarna una postura de mejorar un poco en cada intento, entendiendo que no hay una meta, porque siempre habrá una oportunidad para dar un siguiente paso.

Pensamiento global. Ya hace unos años, internet, los avances en medios de transporte, las redes sociales y otras variables vienen desdibujando fronteras entre países y continentes. Se habla cada vez más de un mundo globalizado donde ya no competimos entre empresas locales, sino que el partido se juega en grandes ligas y hay que estar preparados para competir contra los mejores o unirnos a ellos.

El pensamiento global es relevante cuando diseñamos un emprendimiento, porque la oportunidad para elegir el segmento del mercado al que apuntaremos, la determinación del tamaño del mercado disponible y las estrategias que se implementarán deben considerar el contexto mundial; y esto, desde donde lo miremos, trae enormes oportunidades.

Colaboración versus competencia. Los emprendimientos más reconocidos hoy no se gestaron y crecieron en laboratorios cerrados hasta convertirse en su versión actual. Por el contrario, estas empresas entendieron desde sus inicios las ventajas de socializar la idea con amigos o redes de bajo riesgo que pudieran aportarles *feedback*, juicios, conexiones o recomendaciones valiosas para encaminar su desarrollo. De esto se trata esta mirada que prioriza una colaboración valiosa, aunque se expongan algunos temas que puedan despertar competencia. La colaboración busca la interacción porque entiende que de lo contrario la idea puede terminar desconectada de la realidad y se corre el riesgo de perder la oportunidad de generar un gran impacto en alianza con otros actores.

Tecnología como medio. La tecnología avanzó tanto en los últimos tiempos que se volvió protagonista en prácticamente todas las áreas de nuestras vidas. Sin duda, es un factor disruptivo de la forma en la que veníamos acostumbrados a hacer las cosas, pero si desde el emprendimiento solo creemos en la misma como un fin y nos enamoramos de la idea de desarrollar una innovación tecnológica, corremos el riesgo de atender solo eso y descuidar la búsqueda principal, relacionada con moldear el producto o servicio a la necesidad del cliente.

Para explicar mejor este dilema puedo contar el caso de mi experiencia con Beta. Cuando nos dimos cuenta de que habíamos llegado a una versión suficientemente buena de la metodología que habíamos diseñado para emprender mejor, algo despertó en el equipo la necesidad de explorar el desarrollo de una aplicación que convirtiera la experiencia de usuario en una digital. Iniciamos ese camino, pero al corto plazo nos dimos cuenta de que se llevaría todos los recursos disponibles en ese momento (tiempo del equipo, fondos) y de que no era un puente para mejorar el producto, sino más bien un cambio de rumbo donde la tecnología que había que desarrollar para ello se apoderaba del foco. Entonces nos preguntamos si realmente el usuario estaba pidiendo una aplicación o si había otras formas de explotar la tecnología para potenciar la experiencia actual, priorizando al usuario y respetando el crecimiento orgánico que venía teniendo el proyecto como metodología. Finalmente, decidimos invertir en herramientas, interfaces, *marketplaces*, tecnología social para potenciar la metodología y hacer crecer la comunidad, utilizando la tecnología como medio y no como fin.

Fast prototyping. Anteriormente hablamos del prototipo como instancia inicial para materializar nuestra idea de emprendimiento. Traigo nuevamente la idea y la relaciono con el concepto de producto mínimo viable o MVP (del inglés del inglés *minimum viable product*), porque representa esta mirada que propone el prototipado como camino conveniente para el desarrollo de emprendimientos.

Muchas veces podemos desenfocar el objetivo en el afán de acelerar el desarrollo de un producto que luego de mucho y arduo trabajo e inversión es invalidado en el mercado. Hacer prototipos, pequeñas validaciones, partes o segmentos de un emprendimiento y, desde ahí, ir escalando, es la forma más eficiente de mirar el desarrollo de nuevos productos o servicios.

¿Cómo mirar el emprendimiento hoy?

Por **John Freddy Vega**, *cofundador de Platzi, Estados Unidos*

Llevamos más de una década viviendo en un mundo donde la tecnología y la ciencia crecen más rápido que la capacidad humana de adaptarnos. El resultado es una aceleración en nuestra comunicación, creación de ideas y calidad de vida cuando tenemos acceso, pero también más ansiedad y temor de quedarnos atrás.

Cada año una megaindustria establecida sufre una disrupción por un grupo de jóvenes emprendedores que solo tenían una idea, el conocimiento para ejecutarla y mucha resistencia al dolor. Todos recuerdan como Netflix borró a Blockbuster, pero pocos admitimos lo cerca que están de destronar a HBO o a Disney.

En su corazón está el *software*. Es la razón por la que fundé Platzi, hoy la escuela de tecnología más grande en español. Enseñamos programación, diseño, *marketing*, emprendimiento y otras habilidades digitales porque internet es un igualador de cultura y una persona con conexión a la red y la plataforma correcta puede dominar lo que sea.

El *software* hoy es el corazón de panaderías, restaurantes, agricultura, finanzas, arte, periodismo y hasta el hilo que durante la pandemia nos permitió seguir amando a la gente que nos importa. Nuestra civilización, sin duda, funciona con *softwares*.

Por eso hoy es posible que alguien lea estas palabras y, tras aprender a programar y saber manejar las bases de cómo convertir una idea en realidad, se vuelva el fundador de una compañía que destrone a los bancos. O cree la próxima revolución de distribución agrícola. O una nueva forma de hacer turismo. O un lugar para hacer más fácil que nuestras expresiones artísticas triunfen. O quién sabe cuánto más.

La magia de esta era es la capacidad de usar nuestras mentes para imaginar un producto hacia su existencia. Los emprendedores somos viajeros en el tiempo. Nuestras mentes viven unos años en el futuro y la frustración de saber que ese futuro es inevitable, cuando es canalizada en una compañía, crea fortunas.

Sin embargo, nadie te debe nada. No hay garantía de tener éxito. Nada está asegurado, excepto la altísima probabilidad de que tu idea falle.

Si tener una idea fuera suficiente, todos seríamos emprendedores y dueños de nuestro destino. La realidad es que fundar una compañía es algo rarísimo, similar a crear arte verdadero. Es un proceso de extrema vulnerabilidad personal que nos expone a riesgos gigantes y a un potencial de fracaso casi garantizado.

Además, necesitas dinero.

Dinero, visión, propósito, cultura, misión, mercado, *timing*, ejecución, iteración, talento. Pero sobre todo, dinero.

Sin embargo, en esta época el costo de arrancar una compañía en internet cada vez es menor. Las herramientas de *softwares* son cada día más fáciles, los servidores más baratos, los canales de distribución más democratizados. Un emprendedor de los años noventa no tenía redes sociales, comunidades en línea, aceleradoras o incluso el ecosistema de ángeles inversionistas de hoy.

Nada de esto es el primer paso. Eso es entender a tus usuarios. Conocer a tus clientes. Hablarles. Una triste ironía es que los fundadores, a pesar de entender esto, no lo hacen. Leen «habla con tus clientes» y piensan en estudios de mercado, en entrevistas de UX o en metodologías ágiles. Nada de eso.

Hablar con tus clientes es literalmente hablar con tus clientes. En persona, por teléfono, por chat, no importa. Hay un modo de fracaso en la mente del emprendedor joven donde cree que hablar con un cliente es perder el tiempo. Una idea errónea de que «todo tiene que escalar», a pesar de que el inicio de una compañía es el momento correcto para hacer cosas que no escalan.

Esta es la razón por la que la mayoría de las compañías gigantescas son fundadas por emprendedores que usan el producto. O que tenían el mismo problema que la empresa soluciona. Porque, al ser víctimas del mismo problema, crean la solución correcta. También es la razón por la que los emprendedores que solo quieren ser ricos fracasan.

El siguiente paso es entender el porqué. Cuál es tu propósito o misión. Platzi, por ejemplo, quiere transformar a América Latina en una potencia en tecnología. Y queremos lograrlo formando a la próxima generación de emprendedores y profesionales en la economía digital. Los emprendedores novatos subestiman las misiones como algo trivial. La solución es simple: no escribas misiones triviales.

Una misión clara con un propósito ambicioso es el primer paso para una cultura saludable. Al contratar a tus primeros empleados, estas palabras darán un significado superior a cada acción de la compañía. Desde la primera línea de código hasta el primer contrato cerrado.

Y aun así, fuerzas de la naturaleza te pueden matar. La pandemia, por ejemplo, aniquiló a miles de empresas de turismo, movilidad, gastronomía y entretenimiento. Emprender, como vivir, es peligroso.

La mejor forma de mitigar el riesgo es asegurarte de que el mercado al que le apuntas es tan gigante como puedas. Esto lo logras solucionando una necesidad real que muchísimas personas o empresas tienen. Entre más grande, mejor. Y luego eligiendo el ángulo del problema que vas a atacar. Uber con sus autos soluciona un ángulo de movilidad distinto a Bird con sus patinetas eléctricas.

Esto no significa que empezar en un mercado pequeño sea mala idea. Twilio empezó enfocado en mensajes de texto y hoy es una empresa masiva de API de comunicaciones (del inglés *aplication programming interfaces*). Cornershop empezó haciendo entrega de frutas y verduras en una ciudad y creció a dominar un continente. Así es emprender: contraintuitivo. Haz las paces con esa realidad.

También es posible que el momento en el que empieces sea incorrecto. Aunque no creo. Si estás leyendo esto, algo pasó en tu mente que creó la suficiente convicción de que ahora es el momento. Sin embargo, vale la pena dar un paso atrás y calcular con cabeza fría.

Uber habría sido imposible en el 2004. Para que Uber triunfe necesita que todos tengamos un teléfono inteligente en nuestro bolsillo. Necesita satélites GPS en el espacio. Internet móvil de alta velocidad. Pantallas capacitivas. Métodos de pago en línea masificados. Eso es *timing*.

El último paso es el más difícil. Ejecutar. Crear un prototipo rápido, lanzarlo con clientes reales, escucharlos e iterar por diez años y sin parar.

Para ejecutar necesitas talento. Quizás necesites inversión. Sin duda, necesitas crecimiento. Las mejores empresas del mundo crecen todos los días, todo el tiempo, sin parar. Y no paran de lanzar cosas nuevas. Mejoran el producto, hablan con usuarios, mejoran el producto. Esta actitud, alineada a una gran misión, atrae al mejor talento.

Pocos, muy pocos están hechos para esto. Muchos lo intentan. Por eso está bien fallar. Porque emprender es algo mágico. Y aunque tu empresa no triunfe, habrás aprendido lo que significa crear magia. Es una experiencia que te llena de humildad, conocimiento y perspectiva. No hay un MBA que replique lo que se siente emprender. No hay una escuela que logre imprimir en tu mente lo que significa.

Tu éxito no está garantizado. Casi seguro vas a fracasar. No hay forma de saber si tu idea es buena, excepto lanzándola. Es posible hacer todo bien y que a nadie le importe. Saberlo debería liberar tu mente y darte la claridad de si quieres hacerlo o no.

Los mejores saben esto e incluso así lo hacen. En el proceso, cambian el mundo.

Emprender con procedimiento

Una de las herramientas claves es el procedimiento. Esto es, encauzar la pasión que nace de una idea a través de una metodología que nos permita dar los pasos correctos a lo largo de todo el camino. De lo contrario, podemos enamorarnos de una idea y dejar áreas ciegas que pueden convertirse en debilidades. Es un error en el que caen, incluso, emprendedores experimentados.

Manejarnos con procedimiento es útil y minimiza muchísimo el riesgo. Según estadísticas, 9 de cada 10 emprendimientos mueren porque el emprendedor pierde de vista el camino, se confunde entre tantas metodologías sugeridas y otros motivos que nublan la dirección a seguir en el siguiente paso. El procedimiento fortalece ese emprendimiento embrionario y aumenta sus posibilidades de subsistir.

Comparemos el emprendimiento con un viaje. El punto de llegada es nuestro objetivo, pero el proceso que nos permite alcanzarlo es aquello que transcurre durante el camino. Mientras más clara y precisa sea nuestra hoja de ruta, menor será la incertidumbre y tendremos mejores probabilidades de llegar a destino.

La invitación es a mirar el procedimiento como un aliado, para así construir un proyecto sólido en todos los frentes demandados.

En los capítulos anteriores subrayamos que estamos viviendo en la era del conocimiento. Tenemos información y datos abiertos disponibles en internet, ejercicios de modelos de negocio, propósito y organizaciones exponenciales. Podemos bajarlos de la red, aprenderlos y aplicarlos.

También hablamos sobre el uso de datos e información. Pasamos de los conceptos a las herramientas. La tecnología se democratiza: existen cientos de herramientas disponibles a bajo costo que nos ayudan a emprender con procedimiento. Hoy ya no tenemos que desarrollar un gran sistema interno; tenemos al alcance de la mano administradores de tareas, sistemas de comunicación, de gestión de reuniones que son excelentes para manejar proyectos e información junto con tu equipo.

El orden cronológico también es fundamental. Debemos entender el desarrollo de la idea con cierta lógica orgánica; intentando dar los pasos correctos en el momento justo, pero entendiendo que los pasos correctos no son necesariamente los que más disfrutamos hacer.

Muchas veces caemos en el error de ir en contra de la lógica y ponemos la carreta delante de los bueyes, como se dice coloquialmente. Por ejemplo, perdernos en la discusión sobre un nombre o logotipo de un producto o empresa puede ser un momento atractivo, darle nombre nos permite imaginarlo instalado en el mercado interactuando con los consumidores; y, si bien es una decisión atractiva, no es una decisión que determine el éxito del negocio. También suele suceder que ante una mínima señal de crecimiento empezamos a diseñar pesadas estructuras de costos para cubrir el nuevo alcance, ya sea con contrataciones de capital humano, sistemas o desarrollos; sin embargo, todavía no tenemos claro qué es aquello que vamos a comercializar o no tenemos logrado el *product-market-fit*.

Como menciona Paul Graham, inversor de capital de riesgo inglés muy reconocido por su trayectoria, en su mensaje a los emprendedores de esta era: «…contratar personas antes de tiempo es por lejos el mayor factor de muerte de emprendimientos que intentan conseguir capital y escalar. Pensar que un emprendimiento que inicia con un costo de 500 USD por semana debería considerar un capital semilla de 24.000 USD en el año, solo en costos de mantenimiento, sin apalancamiento de ventas, es una locura».

Entonces, como sucede también en otros órdenes de la vida, un gran aliado para mantener el paso es el sentido común. Debemos pensar en un crecimiento natural, guiado por un producto centrado en el cliente que tenga cabida en el mercado (*product-market-fit*), porque, si logramos eso, el resto vendrá por defecto.

Reforcemos dos ideas que planteamos en el capítulo anterior. Por un lado, démosle tiempo a los procesos de ideación, que son intangibles, líquidos, místicos y alquímicos.

Por el otro, antes de armar todo un emprendimiento para salir a validar una idea, empecemos por experimentos más pequeños. Este es el concepto del producto mínimo viable. Empecemos desde algo chico, pero siempre soñando en grande.

Un producto mínimo viable es una versión básica de la idea que busca validar la hipótesis más riesgosa que tenga el proyecto en ese momento. Esta buena práctica trae ventajas, como la posibilidad de validar conceptos del negocio, verificar la demanda del mercado, probar y enriquecer la experiencia del usuario, asegurar la eficiencia de costos, evaluar caminos para la monetización de la idea, y en algunos mercados, ya abre puertas con potenciales inversores de emprendimientos en etapa temprana.

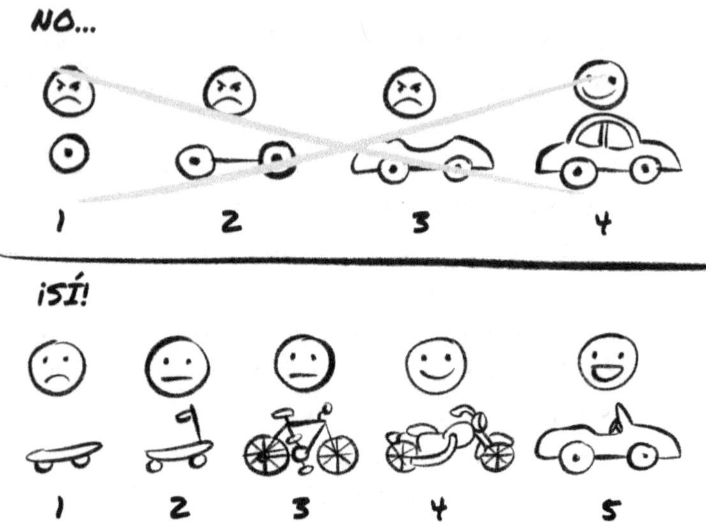

El procedimiento que propone Beta

Siempre me gustó el mundo de las organizaciones. Me emociona construir empresas. Desde joven investigo estructuras de negocios y pienso en cómo mejorarlas. En los últimos años de mi vida empecé a trabajar en consultoría, ayudando a otras empresas a desarrollar sus propios procesos.

A lo largo de estos veinte años de experiencia, busqué atar lo conceptual y lo metodológico. Encontrar un equilibrio entre lo etéreo y el hacer.

He trabajado en proyectos propios, pero también en incubadoras y aceleradoras, y a través de esas experiencias he conectado con una gran cantidad de emprendimientos. He visto, tanto en mi caso personal como en el de otros emprendedores, que la falta de información respecto a un procedimiento puede impedirnos identificar los puntos más importantes en la construcción de la idea.

Existen teorías para elegir el modelo de negocio, para encontrar el propósito, para identificar características tecnológicas o exponenciales. Pero ¿cuál me señalaba la hoja de ruta completa que conectará todos estos puntos? Tenía cerebro, corazón, pero ¿cuál era el cuerpo?

Mi historia personal y el aporte de la experiencia colectiva generada por el trabajo en equipo me permitieron empezar a identificar momentos que son importantes en el desarrollo de futuros emprendimientos. Esa lista de momentos o hitos, que fue muy valiosa para todos, se convirtió en una planilla. Luego le agregamos los conceptos, los aprendizajes y le cargamos las opciones. Después le cargamos los enlaces a las mejores herramientas. Cuando nos dimos cuenta, teníamos en nuestras manos la hoja de ruta, que seguimos probando y detallando con nuestros equipos.

En un determinado momento decidimos que esta hoja de ruta debía convertirse en una herramienta más fácil, más lúdica, más sencilla, y que llegara a más personas. Así, creamos una versión en tarjetas a la que llamamos Beta Cards. Hoy, eso que primero fue una necesidad que debíamos resolver y después fue una planilla, se transformó en una caja de herramientas para emprender no solo de manera más fácil, sino también mejor.

Con Beta buscamos potenciar ideas al brindar herramientas y una guía que sean de utilidad para diseñar proyectos que contemplen una mirada empática con el medio, poniendo al usuario en el centro de la construcción de las propuestas. Proyectos con propósitos poderosos que orienten su modelo de negocio a generar un impacto positivo en la sociedad y en el mundo, siendo parte de un nuevo modelo económico integrado, generando soluciones a los grandes desafíos y retos globales. Proyectos inteligentes que utilicen modelos de negocios desafiantes para encontrar oportunidades en mercados, productos y soluciones innovadoras. Proyectos livianos pensados en formatos líquidos, con activos y colaboradores externos y adaptables a los cambios necesarios de la modernidad de hoy. Proyectos con una narrativa y una identidad fuertes que lleven la idea de manera clara y sintética, impulsados por emprendedores potentes acompañados de mentores y consultores que apoyen en el momento clave.

Lo cierto es que recién ahora Beta se está convirtiendo en una empresa, pero hasta hace un tiempo era un proyecto incubado en otra organización.

Sin embargo, siendo todavía un proyecto, Beta ya está conectando cerca de 100 facilitadores en más de 25 países. Está pasando a su etapa de fundación de la mano de una comunidad que dio origen al modelo, al método y a las pruebas.

En la historia de Beta sucedió algo mágico. Venía construyéndose como una herramienta para emprender más fácil y mejor, y apareció el COVID-19. Con la pandemia, Beta terminó de encontrar su misión, entendiendo que el mundo, las formas en que interactuamos y la humanidad están pidiendo un modelo diferente.

Beta no solo plantea una metodología de empresa para el futuro. También está diseñado con las características que pregona.

Empezamos entonces diseñando una herramienta sin preguntarnos cómo íbamos a ganar dinero con ella. Antes que nada, buscábamos un producto que tuviera calce con el mercado, que resolviera un problema real y que aportara un valor distinto a las soluciones disponibles. Lo hicimos convencidos de que, si teníamos un buen producto, valioso para el usuario, la monetización vendría sola.

Quiero detenerme un momento en esta parte de la historia, porque gran parte de los aciertos del proyecto se dieron por tener clara esta búsqueda: construir un producto que determinado mercado estaba dispuesto a usar y comprar. Esto puede parecer obvio, pero en el complejo viaje emprendedor del que venimos conversando, muchas veces perdemos de vista el *product-market-fit*, y es importantísimo entender desde temprano que esta variable es más importante para el futuro del proyecto que cualquier otra, ya sea la comercialización, el equipo o la tecnología que implementes.

Este desafío propone encontrar una intersección entre la propuesta de valor que construyas y el set de características que conoces o asumes de tus consumidores. Su importancia radica en que, si logramos entender al usuario y adaptar nuestra oferta a su expectativa, aumentamos rotundamente las posibilidades de que nos elija.

La falta de sintonía del producto con el mercado conduce al fracaso, incluso para productos con innovaciones tecnológicas o buenos productos pero ofrecidos a mercados incorrectos:

- Producto correcto, mercado incorrecto ✗
- Producto incorrecto, mercado correcto ✗
- Producto incorrecto, mercado incorrecto ✗
- Producto correcto, mercado correcto ✓

Y así fue. Le fuimos dando cuerpo. Hicimos crecer el sueño, le pusimos mucha confianza y elegimos un modelo escalable para su crecimiento. Como primer MVP, imprimimos la primera versión de tarjetas y validamos la propuesta en un curso de innovación en Asunción, Paraguay.

Incluso con tarjetas que contaban con errores ortográficos y sin el diseño final, esa primera validación fue de enorme valor para nosotros. Nos permitió recabar datos provechosos de posibles usuarios, consultores y amigos que hemos aplicado en las versiones posteriores de las tarjetas.

Después hicimos diez sets de tarjetas que entregamos a diez consultores. Ellos probaron gratuitamente la metodología y nos devolvieron sugerencias que incorporamos a una tercera versión del MVP, con la que nos animamos a abrir camino en Europa. Allí fuimos a varios espacios de *coworking* en Ámsterdam, Róterdam, Bruselas, Barcelona y Madrid. En las universidades de Madrid y Róterdam validamos la metodología con personas de cuatro idiomas y cinco países. Sin saberlo, activamos una red de contactos cercanos pero muy valiosos para el desarrollo de la herramienta, es decir, pusimos la piedra basal de una comunidad Beta internacional.

Una historia como un espiral orgánico. Gira sobre su propio eje, aprende, se agranda y pasa al siguiente nivel. Empezamos con el desarrollo más liviano posible de un producto de calidad, hasta que el sistema nos exigió facturación y recién ahí construimos más formalmente la empresa. No perdimos tiempo en cuestiones operativas, nos concentramos en el corazón del negocio: crear una herramienta sólida que alguien quiera usar.

Acercándonos al presente, Beta se convirtió en una hoja de ruta que invita a recorrer de manera ordenada seis mundos. Cada uno representa ejes importantes para el emprendimiento. El 1) contexto, para entender dónde estamos parados, a quiénes nos dirigimos. 2) El corazón, los sentimientos y valores que guían a la organización, su propósito. 3) El cerebro, donde alojamos toda la inteligencia de negocios, donde ponemos toda la razón, los números y las métricas. También 4) el cuerpo, la estructura necesaria para hacer lo que queramos hacer. 5) La identidad, que se relaciona con cómo verá el mundo nuestro proyecto y cómo hablaremos al público. Y, por último, pero no menos importante, 6) el alma, el motor intangible de cualquier emprendimiento, el que marca la diferencia, el equipo humano de trabajo.

Beta es un proyecto colaborativo que desde su primer prototipo comenzó a ser diseñado por sus propios usuarios. Hoy es una herramienta construida por una comunidad de personas que estamos unidas a través de un propósito: emprender más fácil y mejor. Este libro recoge parte del trabajo de colaboradores de esta comunidad.

Aparte de ser ameno, entretenido e ilustrativo en conceptos técnicos del emprendimiento, buscábamos que el recorrido por cada uno de estos mundos fuese una guía para visualizar las ideas que están en la cabeza de un emprendedor. Este material puede ayudarte en el proceso de ideación, a materializar de una manera ordenada las iniciativas que rondan por tu mente.

Finalmente, este circuito por los mundos puede ayudarnos a descubrir conceptos que no conocíamos, ya que es algo que le sucede hasta a los emprendedores más experimentados, y también despertar oportunidades que potencien el proyecto. Por más que tengamos desarrollada la idea, el recorrido puede ayudarnos a chequear los puntos fuertes y débiles del emprendimiento. Quizás creíamos resueltas ciertas áreas, y el recorrido nos ayuda a repensarlas y encontrar mejores soluciones. Podemos decir que todo emprendimiento está vivo y que la revisión constante es la oportunidad perfecta para que el mismo evolucione en cualquier momento.

Es verdad que el terreno para emprender en la modernidad de hoy nos exige una actualización constante a un ritmo tremendamente ágil para mantenernos vigentes y competitivos. Debemos reconocer que lograr ese estado es altamente complejo, cuando se revela una nueva herramienta, una metodología mejorada o una tecnología disponible cada semana. La realidad plantea la posibilidad de emprender mejor pero a un costo demasiado alto, el de aprender a emprender constantemente. Es ahí donde Beta cobra vida y se compromete con el emprendedor a mantener la hoja de ruta actualizada, incorporando la mejor selección de lo nuevo y poniéndolo al servicio del emprender.

Ahora que hemos incorporado estos conceptos, ya estamos en condiciones de empezar este viaje a lo que llamamos los «mundos de Beta», los cuales representan los ejes principales de un emprendimiento. El primero de ellos es el contexto.

CAPÍTULO 6

CONTEXTO

¿Por qué es importante
reflexionar sobre el contexto
antes de emprender?
Entender el mercado
Conectar con los retos globales
El usuario, en el centro
Caso de estudio Beta

El mundo «contexto» es fundamental. Comprenderlo es entender la cancha en que jugamos, evita cegueras y el riesgo de que avancemos con proyectos desconectados del potencial usuario o mercado.

El contexto es un factor externo, independiente de nosotros y de nuestra idea. Es el marco donde nuestra iniciativa se va a desarrollar. En este punto, las preguntas que debemos formularnos son: ¿las ideas que tenemos son adecuadas para el mercado en el que queremos actuar? ¿Están en su tiempo o están adelantadas a él? A veces nos enamoramos del árbol y olvidamos el bosque.

Para hablar sobre el contexto invitamos a Pablo Reyes, investigador de la evolución cultural y la modernidad actual, que también está ayudando a muchas organizaciones desde su base en Latinoamérica, ubicada en Valparaíso.

¿Por qué es importante reflexionar sobre el contexto antes de emprender?

*Por **Pablo Reyes**, director ejecutivo en Memética, Chile*

El emprendimiento es una fuerza motora de la humanidad. Emprendemos para cambiar el mundo, para modificar y ampliar las posibilidades que tenemos al habitar este espacio compartido. Los emprendedores son, en su esencia, movilizadores y creadores del mundo. Creadores de contextos.

El proceso de aprendizaje del emprendimiento es fundamentalmente contextual, se aprende en función del contexto que se habita y es desde ese lugar donde surgen las tensiones movilizadoras que hacen que el espíritu emprendedor vaya buscando canalizar su energía de cambio hacia las nuevas posibilidades.

Es en el contexto en que habita el emprendedor donde surgen sus inquietudes, sus valoraciones, la visibilización de oportunidades, los riesgos. Aprender a escuchar el contexto, sentirlo y observarlo es fundamental para que el emprendedor pueda poner ofertas de valor lo suficientemente atractivas para el mercado, ofertas donde ese proceso de escucha y observación sean insumos claves para que los clientes no solo vean satisfechas sus necesidades, sino que también amplíen su bienestar.

Muchas veces nos arrojamos enamorados de un producto o de una idea a alcanzar. Armamos emprendimientos desde ese lugar, convencidos de la genialidad de la idea o de las maravillas del producto. Sin embargo, la historia del emprendimiento está llena de hermosos productos y grandísimas ideas que no lograron impactar, seducir y convocar al mercado.

Si buscamos impactar con lo que hacemos, cambiando prácticas, generando nuevas dinámicas, trayendo aspectos marginales para hacerlos centrales, lo que es una de las prácticas más importantes del emprendimiento, y ampliando posibilidades para habitar el mundo, los emprendedores deben aprender a mirar, leer y cultivar una sensibilidad particular sobre el medio en el que habitan.

Aprender a leer el contexto es una de las fuentes de mayor éxito en el emprendimiento. Escuchar los dolores no dichos, comprender las variaciones en las sensibilidades y valoraciones, sentir las fuerzas de cambio para con esa información ver qué es aquello que se necesita ahí, en ese contexto.

Esto requiere un constante y permanente ejercicio individual de centro, aprender a parar la cabeza, a detener los juicios que tenemos sobre las cosas, para así poder escuchar no solo de manera racional, sino también emocional, las señales que el contexto está dando, las que muchas veces no han sido declaradas. El principal poder del emprendimiento está en proponer una oferta que no puedes rechazar, y para eso, haber sabido escuchar el trasfondo de lo que está sucediendo es fundamental.

La reflexión de Pablo Reyes nos invita a entender la importancia del mercado desde una mirada integral, acorde con este nuevo contexto, más complejo y líquido. Observa los aspectos sociológicos, económicos, culturales y también coyunturales, porque es finalmente ahí donde vamos a actuar con nuestra empresa. Más allá de que intervengamos en un ámbito local, el mercado está inserto en un contexto global con características vivas que rodea a nuestro potencial usuario o cliente y condiciona su comportamiento. En este sentido, debemos comprender que el centro es el usuario, quien comprará (o vetará) nuestro producto. Las organizaciones del futuro integran el liderazgo con las emociones, la sensibilidad, la empatía, la creatividad y otras habilidades tan necesarias en este nuevo medio.

La famosa sentencia atribuida a Albert Einstein que plantea que no podemos resolver nuestros problemas con los mismos pensamientos que usamos cuando los creamos tiene mucho sentido cuando hablamos del contexto, porque la realidad del entorno evoluciona, cambia, y si no acompañamos esa transformación como emprendedores, las soluciones que propongamos no darán las respuestas necesarias como para alcanzar éxito.

Entendiendo esa realidad, es importante traer a colación la importancia de la observación, la comprensión y la capacidad de adaptación de los emprendedores para responder a las necesidades y realidades del contexto que rige y, aunque es una de las tareas más difíciles asignada a las generaciones de este tiempo, ya lo decía Facundo Manes en su libro *El cerebro del futuro*, la inteligencia humana tiene una capacidad compleja que involucra diversas habilidades motoras, emocionales, sociales y cognitivas, apto para superar a la tecnología en eficiencia cuando se trata de intuición, ingenio, empatía, creatividad, posibilidad de sentir y otras habilidades que marcan la diferencia a la hora de emprender.

Venimos hablando de retos mundiales y de cómo el emprendimiento será parte de la solución a los desafíos que tenemos como humanidad. Cuando hablamos de retos globales nos referimos hoy al COVID-19, la mayor pandemia que ha enfrentado el ser humano en nuestra era, pero también a la extinción de especies, la falta de agua y alimento que sufren millones de personas en el mundo. Son problemas que, debido a su inmensidad, representan grandes oportunidades de negocio que necesitan de emprendedores que desarrollen soluciones.

Como menciona Pablo, aprender a leer el contexto es una de las mayores fuentes de éxito en el emprendimiento. Las oportunidades y desafíos son múltiples, pero serán las empresas y los países que generen respuestas a este tipo de cuestiones quienes estarán a la vanguardia a la hora de transitar un desarrollo verdaderamente inclusivo y sostenible.

Entender el mercado

Uno de los peores errores que podemos cometer es crear un producto para un mercado inexistente. Antes de empezar debemos investigar si en el mercado al que apuntamos existen clientes que estén dispuestos a usar y a comprar lo que queremos producir, o, por el contrario, si hay insatisfacción con lo ya disponible. Incluso identificar mercados que no están siendo atendidos, con una oportunidad inexistente en el mercado.

En primer lugar, creo que es importante pensar *hacia dónde soñar*. Antes las empresas se fundaban en la ciudad donde actuaban respondiendo a problemáticas muy particulares de dicho lugar, y por ende la competencia se daba también localmente, sin preocupaciones por lo que pasaba en la economía de países siquiera vecinos. Sin embargo, hoy, por las condiciones facilitadas por la tecnología, la conectividad y las redes digitales, podemos hacerlo para el mercado que más nos convenga, en cualquier parte del mundo. Esto permite elegir el mercado más grande, disponible y hambriento para nuestro producto, sin importar la distancia geográfica o fronteras que nos distancien.

También, desde mi experiencia recomiendo bajarnos del piloto automático y pensar *desde dónde nos conviene operar*. Cada vez aumentan más las posibilidades de operar desde lugares en los que no estamos presentes físicamente y hacerlo bien, aprovechando las oportunidades que supone la globalización. Por ejemplo, en la actualidad es más caro abrir una empresa en un país subdesarrollado que en Delaware, Estados Unidos, donde podemos hacerlo de forma ágil y totalmente digital, lo que nos facilita relaciones administrativas con más mercados alrededor del mundo.

Muchos países están brindando modelos de empresas digitales que apuntan a emprendimientos globales. Encontramos, por ejemplo, a Reino Unido, Holanda, y Estonia. Aunque el paso lógico es buscar la base de operación más eficiente, debemos recordar que cada mercado tiene sus particularidades impositivas, legales y de negocios. Inteligencias que como emprendedores muchas veces obviamos en esta etapa temprana del proyecto, pero que terminan condicionando otras situaciones posteriormente.

Finalmente, es interesante evaluar también *por dónde empezar*. Aunque desde el inicio proyectamos construir una empresa global, es mucho más fácil crear un producto inicial para un mercado local que nos prepare para eventualmente jugar a escala mundial. Las condiciones están cada vez más prestas para emprender de esta forma, y alcanzar dicho horizonte no tiene mucha relación con el tamaño de la inversión, sino con el diseño de las bases del proyecto. Imaginemos que logramos aprovechar nuestro mercado local, el que conocemos, donde están nuestras principales redes de contacto, donde tenemos el contexto más digerido, donde los recursos básicos para la concepción del proyecto son baratos, y volcamos todos estos factores como beneficio de la etapa inicial del proyecto. Es probable que lleguemos más sólidos al entorno regional o global, con errores cometidos en círculos de confianza, menor exposición, menor riesgo y grandes aprendizajes que nos acompañen a las ligas mayores.

A menudo se describe el nicho de mercado que queremos abordar como por ejemplo «profesionales de entre 25 y 60 años de Madrid», pero es un segmento muy amplio y heterogéneo y, por ende, muy difícil de abarcar en el período inicial.

Concentrar los esfuerzos en un segmento más acotado puede ayudarnos a reducir la escala de inversión, reducir tiempos y riesgos, cubrir realmente la demanda y enfocar el proyecto en usuarios más abiertos a la experimentación, o insatisfechos con las propuestas existentes en el mercado.

Existen procedimientos y técnicas ya estudiadas que pueden ayudarnos a entender y definir el mercado para asegurarnos de que estamos poniendo esfuerzos, recursos y foco en el lugar correcto.

Cuando iniciamos el proceso centrados en el cliente, nos damos cuenta de que al inicio tiene más relevancia entender al grupo de personas que comprará nuestro producto que concentrarnos en construir el propio producto asumiendo que otros lo aceptarán una vez listo. Si comprendemos a profundidad sus dolores, sus deseos y sus comportamientos, podremos descubrir necesidades de ellos mismos de las que quizás todavía ni siquiera son conscientes, por lo que el trabajo posterior de moldear nuestra oferta para ellos será más sencillo y con seguridad tendrá mayores posibilidades de éxito.

Durante la búsqueda de entender el potencial mercado al que estamos apuntando, empezamos a darnos cuenta de qué tipo de juego nos conviene jugar. Este momento es el idóneo para abrir los ojos y destinar los recursos a una estrategia clara que nos permita atacar a un tipo de mercado en particular. Existen cuatro principales tipos de mercado, y cada uno exige una apuesta distinta.

El primero invita a penetrar un mercado existente, y sucede cuando elegimos introducir nuestra propuesta a un mercado ya definido, con un amplio número de clientes acostumbrados a usar o comprar productos de la categoría. El segundo propone elegir un segmento o parte del mercado existente al que creemos que podemos ofrecer una propuesta de mayor valor que la que hoy reciben. Entonces, segmentamos el grupo que no está bien atendido por la oferta o los competidores existentes.

El tercero identifica un nuevo mercado y apuesta por crear desde cero una categoría que no existe, no tiene clientes pero los análisis prometen mucho acerca de ellos. Finalmente, el cuarto tipo de mercado busca clonar un modelo de negocio que funcione en otros mercados y replicarlo en un mercado virgen. Este tipo de mercado exige una estrategia de adaptación cultural del modelo al mercado que se está introduciendo.

Una vez definido el mercado que deseamos conquistar es necesario hacernos la pregunta: ¿es la oportunidad suficientemente grande como para invertir en ella?

Cuando emprendemos en la modernidad actual de la que venimos hablando, necesitamos tener en cuenta muchos factores en paralelo a nuestras emociones, nuestra pasión por lo que estamos creando y el entusiasmo que trae todo este proceso. Por ejemplo, ¿será atractivo para un inversionista apostar por nuestro proyecto cuando escuche sobre la oportunidad? ¿Será real el negocio con el mercado elegido o terminará siendo un *hobby*? ¿Podemos hablar de escalabilidad construyendo el proyecto sobre ese segmento de clientes inicialmente?

Cuando nacen estas incógnitas hablamos sobre el tamaño del mercado, porque dicho análisis puede facilitarnos datos cruciales para responder a ellas.

El siguiente ejercicio puede ser sencillo para arrancar. Consiste en construir un embudo de tres variables que nos permitan entender lo que podemos conquistar de manera real para luego profundizar en cuánto tiempo y con qué esfuerzo.

Para esto es muy útil entender puntos como el tamaño total del mercado disponible, analizar la demanda total existente en el mercado actual. Al mismo tiempo es importante seguir este análisis para intentar delimitar qué parte de este mercado es alcanzable, filtrar del mercado total cuál sería el tamaño del mercado que podemos alcanzar o satisfacer. Por último, sumar un último análisis que nos indique sobre este mercado que podemos satisfacer, cuál sería el segmento de clientes con mayor potencial o mayor cercanía para abordar.

Conocer bien nuestro segmento de entrada puede permitirnos abrir una pequeña puerta desde donde iniciar las operaciones con tranquilidad. Este mercado elegido para iniciar nuestro emprendimiento no tiene por que ser la oportunidad más grande ni la mejor de ellas, pero sí debe tener mínimamente el tamaño suficiente para montar una operación rentable, potencial para posicionar la marca y ser significativo para futuras conexiones de crecimiento.

Conectar con los retos globales

Como venimos conversando, es importante que el emprendimiento se conecte con el contexto donde le toca vivir para adquirir un rol más relevante, significativo y aportar su grano de arena a la solución de los grandes problemas globales. Ya no basta con crear algo; las soluciones que se planteen deben también poder resolver desafíos que nos conciernen como humanidad, comunidad y sociedad.

A la hora de emprender, por lo general enfocamos la mirada desde lo micro hacia lo macro, es decir, analizamos primeramente qué queremos hacer y cómo eso puede conectarse luego con un mercado. Sin embargo, qué pasaría si cambiamos esa lógica por un ejercicio inverso e intentamos pensar qué gran necesidad no cubierta por una industria existe hoy, y cómo podemos nosotros desarrollar una idea que juegue a favor de esa necesidad, explotando un nicho todavía no descubierto o un posible mercado desatendido.

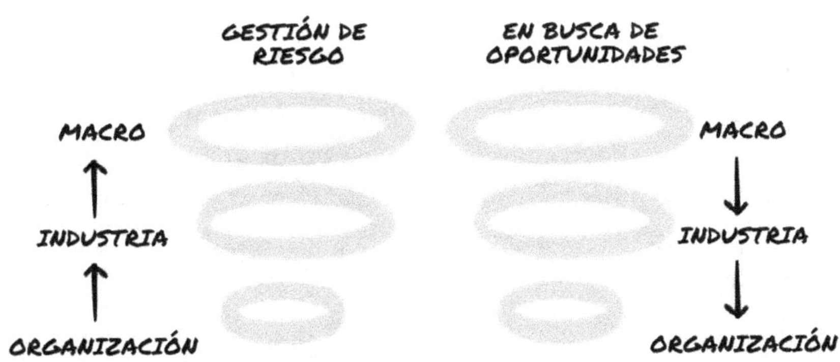

Mirar el emprendimiento desde la búsqueda de oportunidades en alguna gran necesidad descubierta tiene sus ventajas, considerando que posiblemente hay un gran mercado desatendido en ese sector. Además, nos permite emprender de forma más significativa y conectada con la realidad.

Este segundo camino propone antes que nada entender el contexto de desafíos que existen en el mundo, en lo macro del mapa, para luego ir convergiendo en una industria y finalmente en una idea, producto o empresa desde donde resolver el desafío y hacer el negocio. Incluso esta mirada nos permite identificar áreas descubiertas u oportunidades no tomadas en cuenta y necesarias para el mundo.

Para explorar este segundo camino, desde Beta sugerimos empezar analizando los grandes retos globales, ya que brindan un amplio marco sobre áreas críticas y necesarias para la subsistencia de la humanidad en el futuro. Los Objetivos de Desarrollo Sostenible para el año 2030, también conocidos por sus siglas ODS, son una iniciativa impulsada por Naciones Unidas. Se trata de 17 objetivos y 169 metas como el cambio climático, la desigualdad económica, la innovación, el consumo sostenible y la paz y la justicia, entre otras prioridades.

Estos objetivos son fruto de estudios y acuerdos amplios que proporcionan un excelente marco de necesidades globales. Por lo tanto, pueden y deben ser impulsados por las naciones y abordados desde el emprendimiento ya que resumen grandes desafíos que tenemos como humanidad. No importa el tamaño de tu emprendimiento, te aseguro que puede generar impacto en distintos frentes con las decisiones que tomas. Desde grandes corporaciones hasta microempresas consideran cada vez más hoy en su modelo de producción temas relacionados y alineados con los desafíos globales.

El usuario, en el centro

La concepción de que la empresa tiene la respuesta a todo ha perdido vigencia, porque es el usuario el que finalmente aprueba o desaprueba el producto. Por eso, es importante involucrar al consumidor desde el diseño del producto, para que las soluciones respondan lo mejor posible a sus necesidades.

Definitivamente, si queremos emprender en la modernidad de hoy, debemos conocer al usuario, hacer ejercicios de empatía para comprender sus preferencias, generar conversaciones que nos permitan conocer sus intereses, entender sus motivaciones y frustraciones. Esto no necesariamente requiere recursos externos o estudios especializados; por el contrario, es recomendable hacerlo de manera cercana a través de reuniones, encuestas, mediciones o tests con entorno de colaboradores, amigos, colegas o primeros clientes.

Para analizar al usuario es interesante el concepto de mapa de empatía, un ejercicio simple que nos ayuda mapear a nuestro usuario con preguntas tales como qué siente y piensa, qué oye y ve, qué dice y hace, sus miedos, frustraciones o fracasos, sus deseos, necesidades y éxito. Preguntas que nos permitan luego construir una propuesta de valor específica y acertada.

Necesitamos dejar de ver al usuario como el final de la cadena de valor y conectarlo al inicio del proceso, para cocrear con él el producto o servicio que necesita. Sentarnos a la mesa con él y trabajar juntos es la manera más eficiente de acortar caminos e incorporar innovación al *core* o centro de nuestro negocio.

Otro concepto muy valioso para este proceso es el de *design thinking* con su propuesta de diseño centrado en el usuario. El recorrido presenta un ejercicio con paradas que involucran al usuario en todo su recorrido:

1. Empezando por entender el contexto, el mercado y las necesidades en un análisis profundo de todos los datos y la información que tengamos disponible.

2. Luego idear una propuesta, hipótesis, experimento o prueba según lo investigado, que haga foco en lo más importante que necesitamos validar.

3. Diseñar un prototipo de la solución ideada, buscando una forma simple y liviana de mostrar o probar la idea sin salir aún a fabricar el producto final.

4. El ciclo termina cuando logramos validar este prototipo de la idea con un público objetivo que nos dé información y data para empezar en el punto 1 nuevamente.

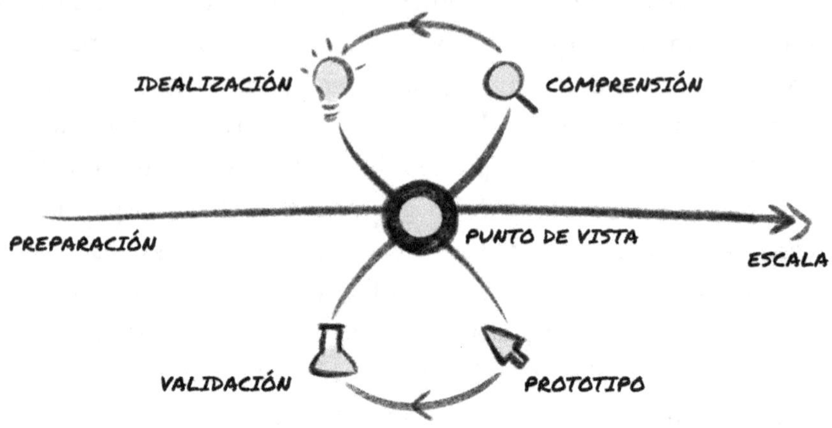

Cuando hablamos de usuarios es importante comprender a qué tipo de perfil estamos ofreciendo nuestra oferta, ya que existen distintos usuarios con comportamientos diferentes a la hora de adoptar un nuevo producto o servicio.

Existe un segmento muy reducido de personas que se conocen como los innovadores, que por lo general son las personas que están creando lo nuevo o relacionadas a categorías u organizaciones muy de vanguardia. Entienden muy bien sobre el desarrollo de nuevas tecnologías, tendencias. Este perfil de personas puede ser muy interesante como mentores, consultores o inversores.

Luego encontramos a los «*early adopters*» o usuarios pioneros, también un perfil de personas muy abiertas a la innovación. Por lo general son curiosos y siempre están investigando, al tanto y abiertos a probar nuevos productos y servicios; un paso adelante de la multitud. Este perfil de personas es el ideal para trabajar pruebas de productos, validar ideas, crear comunidades y para que los invitemos a ser parte de la creación de cosas nuevas. Este segmento también es interesante porque resultan ser referentes y pueden influenciar decisiones dentro de sus entornos.

En el resto de la población se encuentran los conocidos como la mayoría o multitud, un segmento que sigue tendencias ya establecidas y que para adquirir un producto o servicio necesita cierta validación de mercado ya dada por una mayoría. Usuarios más conservadores que necesitan primero la validación de otros que se animaron a probar, para luego dar el paso.

Por último, está el segmento que se conoce como los rezagados, personas con perfiles escépticos muy resistentes a la innovación que, hasta el último momento, cuando ya todos están dentro del nuevo modelo, aún se resisten al cambio.

A la hora de probar un emprendimiento resulta más útil identificar los perfiles de usuarios innovadores o *early adopters*, porque les atrae lo nuevo. Por ende, están más abiertos a probar lo que no todo el mundo está usando, y a la vez están dispuestos a dar *feedback* o retorno constructivo participando como cocreadores.

En el siguiente gráfico podemos apreciar cómo se compone este concepto de perfiles de usuarios en un mercado.

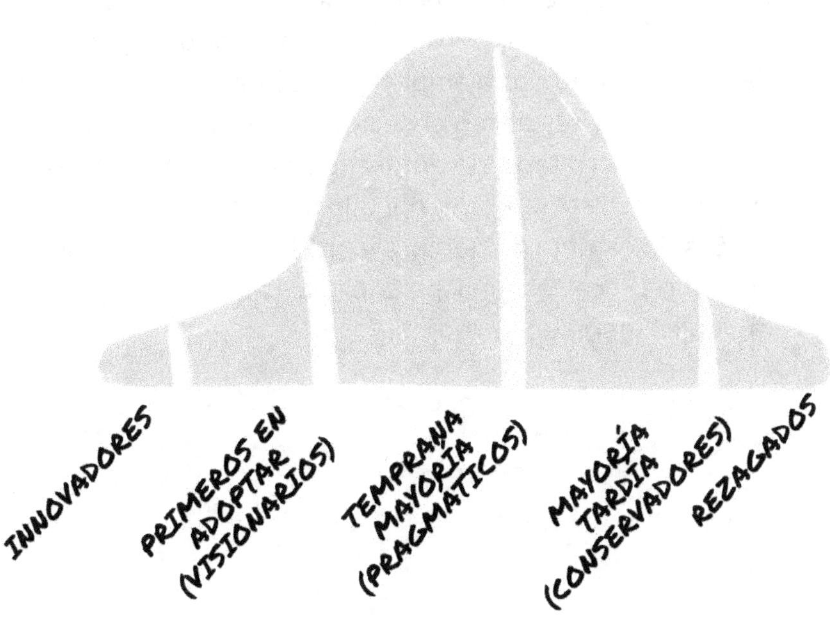

Caso de estudio Beta

Un cliente estaba desarrollando una aplicación muy interesante para reservar canchas de fútbol *amateur,* apuntando a un mercado donde el fútbol es un deporte muy practicado masivamente. La aplicación era realmente buena, pero al analizar el mercado aparecieron dos observaciones.

La primera, que el nombre estaba en guaraní, una lengua usada en Paraguay pero desconocida en la región. Esto ocasionaba que el propio nombre perdiera la oportunidad de posicionarse de modo claro y rápido en otros mercados fuera del que tenían localmente. La segunda observación estaba relacionada con que pensaron solo en canchas de fútbol y dejaron de lado otros deportes que también requieren reserva de canchas.

En ambos casos, pensar en un mercado regional en vez de uno local, como ampliar a otros deportes, no exigía un cambio sustancial en el desarrollo tecnológico y las inversiones, pero terminó ampliando el potencial de negocio a una escala muy superior a la original.

El solo cambio de nombre y producto transformó una aplicación local en una plataforma capaz de actuar en múltiples mercados y rubros.

CAPÍTULO 7

CORAZÓN

¿Por qué es importante la
ética en el emprendimiento?
El propósito de lo que hacemos
Los valores
El modelo de impacto
Caso de estudio Beta

En este mundo abordamos la razón de ser de un proyecto. Su propósito de existir, lo que le da sentido y motivo a la organización más allá del resultado económico. Se trata del motor que bombea la energía que fluye en el emprendimiento. Al igual que un organismo vivo, el corazón es una pieza fundamental del sistema.

Todo emprendimiento tiene sus zonas frías, como los números, y sus zonas más emocionales. La idea de este capítulo es conectarnos con el sueño más profundo de nuestro proyecto, esa meta más grande que nos conecta con el porqué hacemos lo que estamos haciendo y que debe funcionar como el GPS de la organización.

Te proponemos romper el esquema de las organizaciones «máquina»: resultadistas, frías, donde el único objetivo es el balance numérico de fin de año. La invitación es a mirar la empresa de una forma más humana, conectada con las personas que la integran, sus usuarios y el contexto.

¿Por qué es importante la ética en el emprendimiento?

*Por **Valentina Forno**, gerente de Marketing de Natura, Bolivia*

Antes de emprender lo más importante y determinante es poder definir el propósito de tu empresa, emprendimiento, proyecto. ¿Cómo poder escoger el corazón de tu proyecto?

Para eso debes hacerte las siguientes preguntas: ¿hay alguna causa que me mueve, me preocupa o me aflige? ¿Existe algún problema que quisiera resolver? ¿Qué me apasiona?

Les daré el ejemplo de mi emprendimiento. Me apasiona la naturaleza y estoy consciente de los problemas que nuestro ecosistema enfrenta y que están afectando drásticamente a nuestra naturaleza, especies que se extinguen en más del 60% en los últimos años por actividades provocadas por el hombre. Por lo tanto, junté mi pasión por la naturaleza y la búsqueda de soluciones para la conservación de nuestra fauna y flora, con productos que estén inspirados en la naturaleza y que, por la compra de los mismos, un porcentaje sea destinado a proyectos de conservación.

Una vez definido tu propósito, no importa si el proyecto va fallando en algunos aspectos, que es lo más probable, porque se pueden ir arreglando en el camino. Sin embargo, si tu propósito no estuviera bien definido es muy probable que todo el proyecto falle.

Las personas compran bienes y servicios inspirados en la marca que representa lo que buscan desde lo emocional. Para darles un ejemplo claro, la marca Nike te motiva con su eslogan «*Just Do It*», motivando a su público a la acción. Entonces, en lugar de comprar el producto por la motivación funcional, uno compra el producto motivado por una emoción. Por esto es tan importante y determinante definir cuál será el propósito o el corazón de tu proyecto.

El propósito de un proyecto nos permite tener un norte claro y nos permite tomar decisiones en torno al mismo, porque sabemos que debe responder a este planteamiento. Por ejemplo, si para mi empresa la protección de la naturaleza es mi propósito y tengo que definir proveedores para la provisión de insumos, seguramente buscaré aliados que protejan el entorno y que tengan políticas claras al respecto.

Otro aspecto importante del corazón de un proyecto es que me permite diferenciarme de la competencia. Por ejemplo, cualquier prenda de vestir, comparada con una marca que en el fondo representa un proyecto social en apoyo a mujeres en situaciones difíciles, es un claro diferencial que permite llegar al mercado de una forma diferente y con un mensaje claro.

Finalmente, recuerda que tu propósito puede ser amplio, para permitirte crecer y mejorar, para poder transmitir a tu entorno y el mercado el impacto positivo que estás generando a través de un negocio.

Para poder mantener tu propósito vivo y que esté presente en toda tu empresa, podrás establecer herramientas de medición, como la certificación B, que te permitirá mejorar en cada evaluación.

En su reflexión, Valentina se enfoca con precisión en el corazón del emprendimiento: el encontrar una causa que nos mueva, que responda a una necesidad presente en el ecosistema donde el proyecto existe o se va a insertar, y que nos permita diferenciarnos de la competencia.

Es importante que nos conectemos con lo que estamos construyendo, porque si nuestra única motivación es ganar dinero, es muy probable que cualquiera pueda reemplazarnos o que perdamos por el camino las ganas de seguir involucrados. La pregunta que debemos hacernos es: ¿por qué somos nosotros esenciales para el proyecto? La clave es encontrar algo que nos empuje a levantarnos cada mañana con pasión y, así, poder volcar esa energía al emprendimiento.

Sin embargo, no sería justo pelear solamente para satisfacer una necesidad personal. También es importante comprometernos con el impacto que el proyecto traerá al ecosistema: ¿cómo formamos parte de la solución a un reto social mientras emprendemos?

Que la causa que nos mueve como individuos aporte soluciones a un gran desafío global es uno de los mayores éxitos que puede encontrar el emprendedor en su camino.

Si logramos conectar los puntos para hacer lo que nos gusta mientras aportamos nuestro granito de arena para resolver un problema real que sufre la humanidad, encontramos un lugar especial que llevará a los consumidores a elegirnos por algo que nos distingue.

Si redireccionamos la mirada hacia adentro de la organización, este atributo diferenciador puede ayudarnos a tomar decisiones adecuadas, a construir una cultura sana y contratar a las personas correctas. En el libro *Reinventar las organizaciones*, Frederic Laloux remarca la importancia de cambiar la jerarquía por la confianza. Cuando involucramos emocionalmente a una persona con la empresa, esta aporta mucho más. Una persona que se compromete no trabaja solo por un resultado económico o salarial a fin de mes, lo hace porque encontró un espacio que le da sentido a su vida en el ámbito de lo laboral y lo económico.

El propósito de lo que hacemos

El propósito hoy es un aspecto clave en las organizaciones, y lejos de ser una cuestión abstracta, es un faro con el que la organización puede visualizar hacia dónde ir.

Al mismo tiempo, al plantear un norte el equipo de trabajo gana autonomía, porque puede usar distintas rutas para llegar a destino. Además, al ser público y conocido, el propósito aporta transparencia.

El propósito real va más allá de una simple declaración. Para que sea funcional debe ser un instrumento incorporado por la organización como una herramienta estratégica para las decisiones importantes, pero también bajada y fácil de aplicar a la operatividad diaria.

Si es potente, además de serlo para sus colaboradores, también lo será para su entorno, sus clientes, la sociedad y el mundo, estaremos frente a un propósito masivo transformador o propósito de impacto en el que la organización asume un rol activo en algún reto global o es parte de una solución social concreta.

Estos propósitos se convierten en grandes guías que generan fuertes vínculos entre colaboradores, clientes y proveedores que construyen comunidades. Todos sienten que están conectados por un lazo mucho más profundo que el mercantil: están construyendo una relación de largo plazo, mediada por una marca que trasciende el producto.

Tampoco hay que concebir el propósito como una definición rígida y dura que se revisa una vez al año o en encuentros ocasionales cuando planificamos la empresa. Este puede ir ajustándose, adaptándose o cambiando en cualquier momento que se crea conveniente, debemos estar abiertos a la posibilidad de que el propósito evolucione en la medida que el contexto y la organización lo requieran.

Una herramienta práctica muy usada y fácil de implementar como guía al construir el propósito es el círculo dorado de Simon Sinek. Se realiza una matriz de tres círculos en la que se definen el qué, el cómo y el porqué de la organización. En la web podemos encontrar videos que explican este proceso.

Más allá de la metodología que usamos para definir el propósito, la clave es una buena conversación desarrollada en un espacio cuidado, con alta calidad de presencia, y, en lo posible, fuera del día a día de la gestión de la empresa. Así, los miembros socios o colaboradores pueden conectarse y moldear este acuerdo con una mirada humana.

Un error común en la búsqueda del propósito es el quedarnos atrapados en las formas. Por ejemplo, concentrarnos más en el eslogan que en encontrar un propósito poderoso, genuino, real. El propósito no debería ser abordado como una linda narrativa que forma parte del discurso de venta.

Por eso, pongamos el foco en el fondo, en lo profundo, en lo que nos conecta con lo que hacemos y queremos hacer en la práctica, ese es el objetivo real. Si analizamos los propósitos de las empresas con más impacto en el mundo, encontraremos en casi todos los casos ideas simples, fáciles de entender y sin muchas vueltas.

Finalmente, si hablamos de levantar un faro que guíe las acciones de la organización, este tiene que ser claro, visible, comprensible y, sobre todo, muy fácil de llevar a la práctica en el día a día de la operación.

Los valores

Estrechamente vinculados al propósito, que sirve como guía a la organización, los consumidores, los proveedores y toda persona o grupo que interactúe con la marca traerán aparejados consigo sistemas de valores.

Los valores no son lindos conceptos en una presentación o cuadros corporativos. Son oportunidades para definir prácticas que reflejan «cómo hacemos las cosas».

El desafío es ser coherentes. Trasladar a la realidad los valores que tenemos como integrantes de una organización.

Si el propósito expresa el porqué de las cosas que hacemos, los valores representan el cómo, la forma en que llegaremos al objetivo.

Mantener a la organización en el camino que exigen los valores requiere un esfuerzo significativo de los líderes, pero trae grandes beneficios.

Los valores son parámetros que podemos incorporar a la gestión como formas de trabajo explícitas para la organización. Se basan en un acuerdo entre socios y colaboradores sobre la forma en que operamos como equipos, no necesariamente implican una bajada de línea de los dueños o gerentes hacia los peldaños inferiores de la organización. Es importante que estas pautas cobren vida en la operatividad cotidiana de la empresa para que no queden reducidas a meras declaraciones de principios sin aplicación práctica.

Elegir y focalizar un grupo de valores le da fuerza a las elecciones que hacemos. Debemos priorizar. Como dice el dicho popular, «el que mucho abarca, poco aprieta».

Algunas compañías describen sus valores como una lista de normas culturales que resultan más fácil de socializar con toda la organización.

Por ejemplo, Uber enmarca sus valores así: «Construimos globalmente, vivimos localmente. Estamos obsesionados con el cliente. Celebramos las diferencias. Hacemos lo correcto. Actuamos como dueños. Perseveramos. Valoramos las ideas sobre la jerarquía. Hacemos grandes apuestas audaces».

Otro caso es el del Cirque du Soleil que, tanto para mantenerse a la vanguardia como para concentrarse en lo realmente importante para la organización, planteaba cuatro valores centrales: creatividad, en el centro de todo lo que hace la empresa; personas, su talento; responsabilidad financiera; responsabilidad social.

Los valores pueden diferenciar a una empresa de la competencia al aclarar su identidad y servir como punto de encuentro para los empleados.

Más que nunca necesitamos de un modelo de emprendimiento rico en valores, conectado con las necesidades de un contexto distinto. El momento exige emprendimientos que no solo generen resultado económico sino también ambientes saludables, modelos operativos sanos e impacto positivo más allá del resultado económico.

El modelo de impacto

Un modelo de impacto incorpora a la empresa un esquema de negocio funcional que, además de sustentabilidad y ganancias económicas, genera consecuencias positivas en su entorno. Bien definido, une al propósito y a los valores con la finalidad de la organización.

La pregunta que debemos hacernos es: ¿qué pasa si, aparte de producir lo que producimos de la forma en que lo hacemos, podemos al mismo tiempo reconstruir parte del sistema o brindar algún tipo de beneficio a la sociedad?

Esto va mucho más allá de ser una empresa socialmente responsable: compromete a la organización en la construcción de un mundo mejor. No basta con ser éticos, debemos ser parte de la solución de un problema global.

Pero ¿qué modelos de impacto existen? Mencionemos algunos: las donaciones de recursos a una causa social sostenida por la organización es una de las más comunes y fáciles de incorporar. El desafío es elegir correctamente las causas que se apoyarán y sostener el aporte de manera consistente como parte del modelo de negocio de la empresa, no como una donación esporádica.

La incorporación de personas vulnerables a la fuerza laboral es otro modelo que genera un impacto directo en sectores desfavorecidos. Esto puede traducirse en oportunidades directas para empleo joven, adultos mayores con capacidad de aportar a la sociedad, mujeres madres solteras o reinserción laboral en caso de condenados con penas cumplidas, por citar algunos ejemplos.

La participación de los trabajadores en las ganancias permite hacer socios a los colaboradores, fomentando modelos más justos de distribución de los dividendos.

La compra a pequeños productores pagando un precio justo también genera un impacto importante en el desarrollo de microproductores rurales, o microempresas, lo que permite una distribución más equitativa de las oportunidades del mercado.

Incorporar un modelo de impacto en el modelo de negocio es una de las condiciones que debe satisfacer una empresa para ser certificada como empresa B, una corriente que, como vimos anteriormente, está ganando cada vez más fuerza global.

Hasta el momento existen 3.500 empresas B que operan en 71 países y generan impacto positivo en más de 150 industrias. En América Latina encontramos 624 compañías de este tipo que hacen su aporte para crear un sistema económico más inclusivo, equitativo y regenerativo para todos.

Caso de estudio Beta

En Paraguay, un equipo de trabajo abordaba la necesidad de construir una solución a la crisis que vive ese país y otros de la región ante el fracaso de representación política en organismos del sector público.

El equipo era supertalentoso, integrado por profesionales con alta experiencia y formación sobre el tema en cuestión, por lo que el proceso comenzó fluido y se completaron rápidamente los primeros pasos. Sin embargo, cuando correspondió el turno a los «valores» se dio una conversación crucial para las siguientes etapas del proyecto: se dieron cuenta de que allí residía su principal ventaja competitiva. No se trataba de una ventaja para vender más, sino para potenciar un cambio en la política del Gobierno. Cuando recién llegaron a la parada, actuaron en automático, eligiendo los valores que mejor sonaban y mejor se verían en la web. Sin embargo, después del diálogo decidieron pararse en valores de base colectiva positiva, como la empatía, la integridad, el bien común versus perpetuarse en el poder, y los intereses colectivos versus las diferencias.

Este paso fue sumamente valioso. Pocos talleres de los facilitados tuvieron una visión tan evolucionada respecto de esta parada. Fue un ganar-ganar que llenó de satisfacción al equipo de Beta al saber que nacía un proyecto con esas bases, y que a ellos les reveló un *insight* que no habían visto antes. «El *engagement* se va a dar por esta promesa, la diferencia con todos los otros partidos políticos está justamente en esta definición», expresaron.

CAPÍTULO 8

CEREBRO

La importancia de emprender
con emoción y razón
Propuesta de valor
Estrategia comercial
Modelo de negocio
Caso de estudio Beta

El mundo siguiente en el recorrido que propone Beta es el del cerebro. Aquí se concentra la inteligencia, el pensamiento. Es el área más funcional, y se enfoca en los resultados del negocio.

En este mundo planificamos la viabilidad de la empresa y sentamos las bases para proyectar un futuro rentable. Así como en los otros capítulos nos conectábamos con los sentimientos y el contexto, aquí ingresamos en la dimensión más racional del camino.

No hay un mundo más relevante que otro. Todos son importantes. Por eso en varios pasajes del libro planteamos abordar los desafíos con una mirada integral del emprendimiento. Este enfoque nos permite alinearnos con la sustentabilidad económica, el motor que mueve la mayoría de estas iniciativas.

Hoy es difícil separar la sustentabilidad económica de la social. Usamos este concepto en sentido amplio: desde el modelo de negocios de la empresa hasta su relación con el entorno. Mientras más empresas sean sustentables, mayores beneficios tendrá la comunidad.

La importancia de emprender con emoción y razón

*Por **Giselle Della Mea**, diseñadora y fundadora de 3Vectores, Uruguay*

Toda persona que quiere emprender lo que hace al principio es inspirarse de otros emprendedores y empresarias, en un problema, en un contexto e incluso en un viaje. Sin darse cuenta, la persona inicia un proceso de diseño. El problema es que cuando recibimos tantos estímulos los seres humanos nos solemos embriagar de tanta inspiración, información y entusiasmo, y nos cuesta racionalizar y ordenar todo en algo concreto.

En los talleres que hacemos en 3Vectores, observo muchos procesos creativos de personas desde 15 hasta 80 años que no son conscientes de lo que están viviendo, y la adrenalina y serotonina generada por el proceso les provoca un estado de desorden o ansiedad. Por eso es tan importante el lado racional: te saca de ese momento y te lleva a otro plano en donde no tienes que dormir ni bloquear tus emociones, sino ordenarlas.

La creatividad es un proceso sistémico donde se activan muchos procesos simultáneos a la vez. No ha resultado fácil para la ciencia saber en qué área de nuestro cerebro se encuentra la creatividad, cómo surgen las ideas y el modo en que las aplicamos. Todo eso forma parte de nuestras vivencias. Esto es, las experiencias, la cultura y la sociedad que nos rodea.

Tu cerebro y las metodologías tienen que ayudarte a procesar la información, a identificar los patrones que te llevaron hasta donde estás en el presente. Incorporar el lado racional al emprender es poder decodificar las emociones y ordenarlas en el proceso.

La gran mayoría de los emprendedores hemos fallado en el momento del aterrizaje de la idea, porque no logramos pasar de la divergencia a la convergencia. Metodologías como Beta te ayudan a canalizar esa energía, a poner todo en casilleros, racionalizar tus emociones y lograr atravesar la etapa «tengo una idea» hacia definir una propuesta de valor, un producto mínimo viable, y salir adelante con el proyecto.

> Lo principal es poder hacer foco y materializar. Armar la propuesta de valor, un producto mínimo viable, empezar a identificar segmentos de clientes, identificar cuál va a ser la estrategia de comercialización, para luego orientar todas las demás dimensiones de tu modelo de negocio.
>
> Si hablamos de emprendedores de impacto, el desafío es doble, porque nos enseñaron a usar nuestro cerebro simplemente para maximizar ganancias y nuestro corazón para hacer caridad. Hay que decodificar esa energía a diario, emocionarse por un problema y responder con nuestro lado más racional a ese problema, en el ya, en el ahora, en el presente y con una propuesta de valor.
>
> Toda la vida hemos pensado que los seres humanos somos «seres racionales capaces de emocionarnos», pero como dice Estanislao Bachrach, neurocientífico argentino, «somos seres emocionales que aprendemos a pensar y no máquinas pensantes que sentimos».

Muchas veces, creemos que las grandes empresas que admiramos como las mejores del mundo nacieron de una buena idea o de un emprendedor con la creatividad suficiente para aportar al mundo un nuevo formato, servicio o producto. La realidad es que, en su gran mayoría, estas organizaciones surgieron de ideas similares a las tuyas y a las mías. La diferencia es que quienes las trabajaron supieron bajarlas a tierra, convencer a otros de su valor, conectarse con potenciales usuarios y diseñar un puente sencillo para invitarlos a ser parte del proyecto desde sus inicios.

Como todo proceso humano, el emprendimiento tiene una dimensión social. Es natural que como emprendedores nos enamoremos de la idea en curso, pero también es fundamental construir facetas que sean comprensibles desde afuera para que otros puedan conectarse, usar, comprar o vender nuestro producto.

En varias oportunidades, Giselle menciona la importancia de poder materializar las ideas en un modelo transaccional que funcione. Eso es justamente lo que veremos en este capítulo.

Recorreremos conceptos importantes para el emprendimiento que nos ayudarán a mantener el foco en el resultado y lo vamos a hacer a través de tres modelos.

El primer modelo es la propuesta de valor, es decir, cómo queremos que nos perciban nuestros consumidores, cuál es el atributo que queremos reforzar para diferenciarnos de los demás productos del mercado. El segundo, la estrategia comercial, es fundamental para entender quiénes son nuestros clientes, personas, empresas, organizaciones o gobiernos. Por último, y no por eso menos importante, está el modelo de negocio, un área en la que se abrieron nuevas posibilidades en los últimos años a partir de las plataformas tecnológicas y escalables.

Propuesta de valor

Para definir la propuesta de valor debemos responder esta pregunta: ¿cómo aportamos valor a la vida de los clientes? Para saber eso necesitamos saber qué valoran los clientes, y a partir de ahí evaluar cuál es nuestro diferencial para entregarle eso de una forma distinta a la de nuestros competidores.

Aquí podemos plantearnos: «haré mi producto más rápido. Más barato. Más tecnológico. Más sofisticado». Esto es lo que busca el consumidor. Pero es importante enmarcar esta búsqueda haciendo foco en el mercado, y no en nuestro producto como primer paso. Es más fácil diseñar un producto con base en necesidades reales de un segmento del mercado que salir a buscar mercado para un producto que ya diseñamos.

Para determinar una propuesta de valor auténtica y distinta a la que ofrece la competencia, debemos entender primero cómo se comporta nuestro consumidor o usuario, cuáles son sus principales dolores, qué tareas o responsabilidades tiene a cargo y qué otros elementos valora y por los cuales estaría dispuesto a recibir ayuda.

Las propuestas de valor se pueden dividir en tres grandes grupos. Las que prometen un cambio de vida: son marcas que aportan esperanza, motivación, autorrealización y sentido de pertenencia. Las emocionales, con temas como el bienestar, que entretienen y se construyen sobre la estética y la nostalgia. Finalmente, las propuestas funcionales, que se paran sobre la reducción de costos, la disminución de riesgos, ahorro de tiempo o la simplificación de los procesos y productos.

En general, cuantos más elementos de los diferentes grupos podamos ofrecer, mayor será la fidelidad del cliente y más rentable será la empresa a lo largo del tiempo.

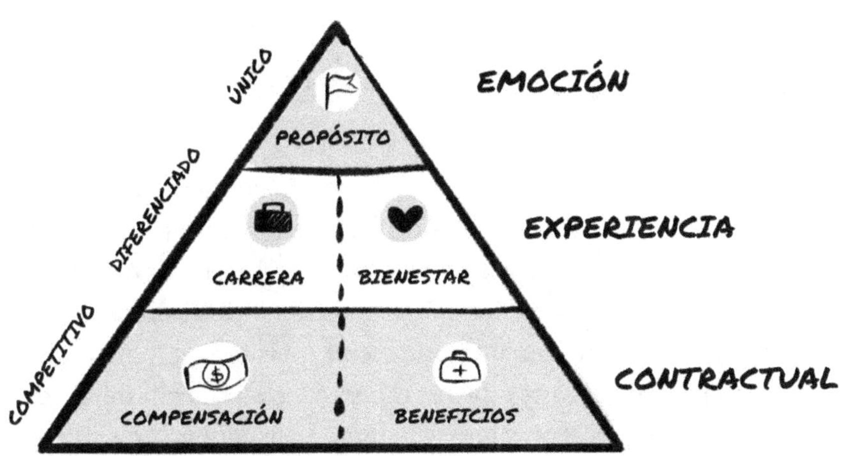

Mientras menos promesas hagamos y más genuinas sean, más creíbles seremos como emprendimiento y como marca. No se trata de *marketing* o una cuestión simplemente comunicacional. Si nuestro producto o servicio no está a la altura de lo que promocionamos, se nos volverá en contra como un búmeran.

Este punto es importante, porque la propuesta de valor define el posicionamiento del emprendimiento. Es el lugar que ocupa la idea o marca en la mente del consumidor. Es un espacio que no se compra, sino que se alquila, y debemos renovarlo periódicamente.

Si el posicionamiento es sólido se convertirá en un activo intangible muy valioso para la organización. Ciertas marcas están relacionadas casi automáticamente con determinados posicionamientos: BMW, con la innovación; Volvo, con la seguridad; FedEx, con la eficiencia. Todas ellas son grandes ejemplos de fidelidad y consistencia respecto de una propuesta de valor clara.

No se trata de comunicar que uno fabrica el auto más seguro del mundo, se trata de hacerlo. Concretar en la práctica aquellos valores que se comunican decanta en transparencia, credibilidad y en la construcción de una reputación.

Finalmente, el posicionamiento también es decisivo en el vínculo con los consumidores. Es lo que hace que el cliente decida inclinarse por una marca y no por otra.

Estrategia comercial

Otro punto importante es entender a quién vendemos. Eso conecta con la estrategia comercial. El mundo se volvió hipercomplejo en cuanto al flujo de transacciones posibles: gobiernos, corporaciones y consumidores prestan servicios en forma bidireccional.

No podemos seguir operando como empresas pensando que solo hay proveedores por detrás nuestro y clientes por delante. Hoy el escenario es más complejo y el lugar de la cadena en el que decidamos ubicarnos nos traerá oportunidades y desafíos particulares.

Cada tipo de relación requiere una estrategia distinta. Por ejemplo, el modelo B2B (*business to business*) es útil cuando una empresa presta servicios o vende productos a empresas. De esa forma la estrategia apuntará a otras compañías, lo que ayuda a determinar el área de venta, la cantidad de posibles usuarios, la estrategia de comunicación y muchos otros factores.

En cambio, la estrategia B2C (*business to consumer*, empresas a consumidores) es muy distinta. Si soy una empresa de consumo masivo, en lugar de hablar con un puñado de empresas, como es el caso de la estrategia B2B, quizás tenga que salir a dialogar con 500 mil consumidores. Por lo tanto, deberemos usar una estrategia muy diferente en cuanto a la comunicación, el relacionamiento y los canales de venta.

Para avanzar con pasos sólidos debemos preguntarnos: ¿qué somos? ¿Una empresa, una entidad de gobierno, o emprendemos desde un grupo de consumidores? ¿Qué tipo de organización somos? Cada respuesta nos sugerirá distintos tipos de estrategias o caminos.

Pero las preguntas más importantes en relación con este capítulo son: ¿a quién le vendemos? ¿Gobiernos, consumidores, empresas que utilizan nuestros productos, o bien compañías que los revenden? Es clave hacer este ejercicio y tener afinado este mapeo.

Una aclaración: no necesariamente tenemos que limitarnos a una estrategia comercial. En la medida en que tengamos la capacidad para hacerlo, una misma organización puede prestarle el mismo servicio a gobiernos, empresas y consumidores. Esa combinación puede volver más rico y exponencial su abanico de posibilidades.

Modelo de negocio

Por último, y no menos importante, se encuentra el modelo de negocio. Se refiere a cómo vamos a comercializar y materializar la ganancia del emprendimiento que estamos iniciando.

Antes, con la venta de servicios y productos tangibles los modelos de negocio eran más sencillos. Sin embargo, desde la irrupción del mercado digital, el patrimonio intangible y el cultural, muy ligado al mundo del entretenimiento, programas, aplicaciones, data, tecnología, comenzaron a aparecer nuevos esquemas que abrieron posibilidades inéditas.

El modelo de negocio describe de modo racional la manera en que una organización crea, entrega y captura valor en contextos sociales y culturales. Nos permite tomar con mucha claridad decisiones estratégicas en nuestras organizaciones; personalmente creo que es el área más sensible de los negocios, junto con el propósito. En los últimos años me dediqué a investigar estos nuevos esquemas, concentrándome en aquellos escalables, replicables y con capacidad de crecimiento exponencial.

Por ejemplo, el negocio de la suscripción, que comenzó a usarse en los periódicos y hoy se emplea en categorías que van desde Netflix y telefonía hasta los clubes de vino, es un modelo interesante porque es estable y nos permite un flujo recurrente de ingreso de dinero. Mediante este modelo lo que vendemos es una promesa de entrega recurrente de productos o servicios a un determinado público, en una relación de mediano o largo plazo.

Otro modelo muy utilizado es el llamado *freemium*. Se brinda una parte del producto o servicio de forma gratuita y se monetiza con la venta de servicios alternativos con más prestaciones. Requiere de mucha confianza del consumidor y un producto bien consolidado, y es usado, sobre todo —pero no exclusivamente—, en el ámbito tecnológico. Tomemos como ejemplo a Gmail: el correo electrónico es gratuito, pero si quiero ampliar mi alojamiento debo pagar.

También existe la posibilidad de hacer *crowdsourcing*, que consiste en la contribución gratuita de un número importante de personas a cambio de acceder al contenido de los demás. También es útil cuando se inicia un emprendimiento con financiamiento inicial de contactos cercanos, como familiares y amigos.

Otro modelo que ha ganado fuerza es la precompra, que está muy apalancado en la confianza que generan el emprendedor o el emprendimiento. Un exponente de este accionar es Elon Musk: Tesla prevende modelos con meses de anticipación al lanzamiento, con base en la confianza que irradia la marca, ya que el producto aún no existe. También se aplica en el mercado inmobiliario con las llamadas ventas en pozo: el desarrollador prevende el proyecto a los compradores y con ese dinero ejecuta el negocio.

El *leasing* es otro modelo con mucha aceptación en la actualidad. Así como podemos usar una casa de playa o un auto sin la necesidad de comprarlos, también podemos aplicar este mecanismo en la empresa para desarrollar productos.

El *low touch*, que implica bajar el precio o disminuir el servicio, es otro modelo interesante. Por ejemplo, IKEA te entrega el mueble desarmado y tú tienes que ensamblarlo. Se separan así el costo del producto del servicio de armado y traslado, y gracias a eso el mueble es más económico. Los grandes depósitos de venta de productos al por mayor aplican este modelo que ofrece menos servicios y comodidades que una tienda convencional.

Otra opción es el modelo de plataforma de transacción, basado en la comisión. Se junta a los compradores y los vendedores y se cobra a una de las partes un *fee*, una tarifa, por la operación.

Por último, tenemos el patrocinio, que se produce cuando una marca auspicia y paga el costo de hacer el producto. En general, se trata de eventos, de todas las categorías y tamaños. Es un modelo que puede recuperar auge en este nuevo contexto de cuidado y distanciamiento social pospandemia.

Estos son solo algunos de los modelos posibles. Las miradas tradicionales del mundo corporativo consideran una lista más corta de opciones. Otras corrientes, entre las que nos incluimos, son más abiertas al uso de distintas herramientas, que vienen sobre todo de la mano de la digitalización.

Las herramientas Business Model Canvas o Lean Canvas o el EXO Canvas son muy útiles para pulir el modelo de negocios. Ambas están disponibles en internet y son de muy fácil acceso. Tienen libros, cursos y herramientas donde uno puede hacer ejercicios y profundizar la comprensión del modelo de negocio y cómo ese aspecto afecta el diseño organizacional.

En nuestros proyectos usamos el modelo de negocio de Canvas y lo recomendamos altamente. Es una herramienta muy útil en cualquier instancia del emprendimiento, ya sea para la creación de uno nuevo desde cero como para verificar el modelo de negocio actual de las empresas existentes.

No es necesario definir de manera estricta un único modelo de negocio. Lo que sí debemos tener en cuenta es que la complejidad del contexto actual muchas veces demanda que una organización conviva con varios modelos a la vez y los vaya complementando. Uno de ellos, el que genere los mayores resultados, puede ser el predominante, pero es útil disponer de modelos que brinden líneas de negocios colaterales y nuevas posibilidades de productos.

Caso de estudio Beta

Un cliente del rubro del diseño pero más abocado a la arquitectura solicitó un taller al darse cuenta de que uno de sus nuevos productos, llamado Casa Natura, no terminaba de encontrar su lugar en el mercado. Como creían que esto pasaría rápido, les llamaba la atención no encontrar un rebote positivo hacia un proyecto novedoso, construido sobre la tendencia global de vivir más conectados a la naturaleza, más livianos, fuera de la urbe y con decisiones de corto plazo.

Este proyecto ofrecía a los clientes construir una casa de fin de semana en formato cabaña, montada sobre pilares metálicos que permitían transportar la cabaña al terreno que se prefiera sin mucho esfuerzo, y por ende ir llevando la casa a donde se quiera pasar el verano, vacacionar o, por qué no, vivir. Aunque ellos creían que se trataba de un mercado todavía lento para adaptarse a este tipo de tendencias, nosotros como facilitadores identificamos un potencial desafío en la propuesta de valor sobre la que estaba apalancada la marca: «ya no construyas para siempre, transporta tu casa a donde quiera que vayas».

En Beta les invitamos a abrir las Beta Cards en el mundo «cerebro» para evaluar si la propuesta de valor que estaban queriendo posicionar con el producto era la correcta para el segmento de mercado al que apuntaban. La conversación que surgió y el revisar las interacciones que venían teniendo con potenciales clientes les permitió darse cuenta de que lo que la gente valoraba de la propuesta era el diseño y el concepto detrás del diseño; sin embargo, no se emocionaban demasiado con la idea de transportar la casa.

Con ayuda de las tarjetas se dieron conversaciones donde en conjunto entendimos que «transporta tu casa» era una propuesta de valor «funcional», sin embargo, «vive natural», «lo natural», *«slow»*, «con calidez» tenía mucha más fuerza para los clientes y se conectaba con ellos desde lo «emocional», generando un *engagement* inicial desde otro lugar más humano.

Finalmente, el trabajo se orientó por el segundo camino y les invitamos a hacer pequeñas variaciones para validar la decisión. Cambios como la biografía en el perfil de Instagram, ajustes en las presentaciones comerciales y nuevos enfoques en las notas publicadas. Fue un descubrimiento pequeño pero que generó grandes transformaciones en el rumbo del negocio.

Capítulo 9

CUERPO

Cuando la actualidad es exigente, no podemos esperar menos del futuro
Estructura
Tipo de proyecto
Tecnología
Caso de estudio Beta

Como su nombre lo indica, este capítulo nos invita a pensar la dimensión física del proyecto. Además del contexto, las empresas están condicionadas por su estructura.

Emprender es como participar de una carrera. Hoy enfrentamos competidores ágiles, jóvenes, con alta capacidad de aprendizaje. Si tenemos sobrepeso, rendiremos menos que si estamos preparados, y difícilmente podremos mantenernos en competencia.

Este capítulo es clave dentro de este nuevo contexto de organizaciones cada vez más globales, veloces y escalables. Las premisas son ser eficientes en el uso de los recursos, en percibir el mejor momento para invertir y en mantenernos livianos.

Cuando la actualidad es exigente, no podemos esperar menos del futuro

*Por **Os Sánchez**, cofundador de Toky.co, Paraguay*

Intentaré describir nuestra experiencia en Toky, en la formación de la estructura de la empresa, del equipo, las herramientas y los valores esenciales para conseguir un buen entendimiento de los desafíos que conlleva tener una estructura moderna y eficiente.

Las nuevas compañías tienen el gran desafío de conseguir una dinámica única con su equipo de trabajo, una diferente a la que veníamos acostumbrados. La manera en la que estructuramos las empresas puede facilitar, o no, esta dinámica. Trabajar en la estructura de una empresa es también el inicio de la construcción de la cultura, y un proceso necesario para moldear y alinear a los colaboradores, haciéndolos líderes y apoderados de la idea.

Considero importante determinar desde el inicio cómo se hacen las cosas en la empresa, cómo se relacionan los colaboradores, su visión, sentimientos, creencias y manera de pensar y ejecutar que tienen estos para llevar adelante la organización. Asegurar una base sólida desde donde poder llevar a cabo los desafíos que se presentarán fuertemente en los primeros años de la empresa es un paso determinante para la creación de nuevas organizaciones.

Existen distintos tipos de organizaciones y cada modelo ofrece diferentes resultados. Sin embargo, todas y cada una de ellas cumplen un rol en la sociedad, aportando a esta productos, servicios o quizás impactando a través de proyectos sociales. Sin importar exactamente cuál es el caso, el impacto empieza con la idea, la pasión y la comunicación de los fundadores en sus primeros pasos. Los primeros colaboradores contribuyen de manera significativa dentro de un equipo ya que cuando esta nace, ellos son la propia empresa y están encargados de hacer nacer una estructura capaz de hacer fluir la cultura deseada.

Los primeros roles dentro de la organización están definidos por responsabilidades y un trabajo en equipo fiel. En la experiencia de Toky es bastante apremiante la sinceridad en la comunicación entre estas personas y roles, tan esencial que es la base de una estructura eficiente.

La comunicación debe partir desde la base. Los primeros colaboradores del equipo deben apoderarse de la idea o el proyecto no solamente de manera profesional, sino que también deben construir un lenguaje de comunicación rápido, eficiente y directo. Aunque es imposible reemplazar la interacción humana, existen muchas herramientas que facilitan esta habilidad. Desde *softwares* de comunicación de mensajería instantánea hasta CRM. Lo importante es que sean sencillas y que, en lo posible, no impliquen costo alguno para las primeras semanas o meses de colaboración. La mayoría de estas herramientas de comunicación para empresas están asociadas a un costo que muchas veces podemos evitar yendo por los planes con modelo *freemium* o paga cuando uses (*pay as you go*).

Entrando al campo de la tecnología, creo que toda empresa hoy en día debería ser de base tecnológica y a esto no me refiero a que vendan un *software* o servicio tecnológico, sino que en sus bases de negocios, operaciones y administración sean capaces de analizar los datos proveídos por las diferentes variables de hacer funcionar un negocio.

Pongamos como ejemplo una carpintería pequeña de no más de 10 personas. Uno diría que es un negocio que no necesita más tecnología que las herramientas para tratar la materia prima; sin embargo, a la hora de manejar su clientela, probablemente necesiten un CRM para compartir con sus clientes sus promociones, un servicio de envío de *newsletter* y de mensaje al teléfono, o bien un *software* de gestión empresarial.

Estos servicios son parte del negocio y con automatizaciones y la ayuda de herramientas existentes podemos ahorrar tiempo al equipo para que este se concentre en objetivos más importantes. Es ahí donde la base tecnológica se convierte en el aliado estrella para la estructura y el dinamismo de una empresa.

La estructura es clave en el diseño del emprendimiento. Como menciona Os, desde su experiencia tan valiosa, la estructura puede determinar cuestiones vitales como la cultura o la forma de hacer las cosas en una organización. Es por eso que diseñar eficientemente la estructura sobre la que va a crecer una empresa puede determinar la capacidad con que esta navegue el complejo escenario que nos supone emprender en el siglo XXI.

Esto se hace mucho más palpable si comenzamos un proyecto desde cero, pero también pesa para iniciativas en marcha. Es fundamental porque condiciona el tamaño, el peso y, en definitiva, la agilidad con la que podamos desarrollar tanto hoy como en el futuro. Mientras más liviano sea el cuerpo, más posibilidades tendremos de crecer exponencialmente.

Por lo general, comparamos la agilidad con la que una *startup* puede tomar decisiones, apostar por nuevos rumbos y moverse en su día a día, con la dificultad que tienen grandes empresas más establecidas y con multitud de colaboradores a la hora de apostar por giros o innovaciones. Recuerden el concepto del crucero y la lancha que abordamos en el capítulo 3.

Sin embargo, ambos modelos tienen algo valioso en su estructura, y la clave está en integrar el potencial de los dos. Por un lado, el dinamismo de las *startups* o *edge* (la rapidez, la capacidad adaptativa, la flexibilidad) y, por el otro, la estabilidad de las empresas consolidadas o *core* (la resiliencia, la eficiencia, la solidez). Es finalmente la combinación del dinamismo y la estabilidad lo que permite que una empresa nazca, crezca, se sostenga y alcance su mayor potencial.

Ahora bien, la estructura puede nacer a partir del formato de empresa que elegimos para operar, de los activos y espacios necesarios para la operación, incluso del modo en que decidimos relacionarnos con colaboradores internos o externos. A continuación, desarrollaremos estos conceptos.

Estructura

Muchas veces queremos fundar la empresa antes de armar la idea, desarrollar el proyecto y validar el negocio. Sin embargo, hoy tenemos al alcance de la mano muchísimas otras posibilidades para desarrollar una idea antes de adelantar un paso formal o fundacional, sin tener que desviar costos o recursos necesarios a trámites complejos.

Una buena forma es incubar el proyecto dentro de una organización existente que puede prestar la plataforma para desarrollarlo. Esto puede pasar cuando la organización existente quiere desarrollar un nuevo producto o servicio relacionado con su *core* de negocio, ya sea en procesos propios o asociativos a través de la innovación abierta, donde se convocan emprendedores que cuenten con potenciales soluciones a los desafíos que enfrenta la organización.

Otra forma de administrar un proyecto de manera seria pero sencilla es a través de un acuerdo entre los socios y una cuenta bancaria. Esto nos permite monitorear nuestros movimientos y crear un procedimiento casi empresarial, pero básico, que nos permite operar sin ingresar todavía a la etapa de fundación de la compañía.

Las posibilidades que existen hoy en día para hacer empresa nos permiten construir de a un ladrillo a la vez, sin tener que terminar la tienda para recién ahí exhibir los productos. Esto significa que podemos estructurar acuerdos más livianos para sostener el foco en el desarrollo del proyecto, y luego de dar algunos pasos, convencidos de que encontramos una oportunidad valiosa, y recién ahí darle lugar a los grandes procesos que implican las estructuras más pesadas, como ser un desarrollo unipersonal, una sociedad anónima, una ONG, u otras.

Es fundamental pensar cuál sería la estructura más liviana y eficiente para arrancar con la operación y que permita validar la idea, sin que esta estructura sea pesada, limitante o costosa para el inicio del proyecto.

Esto nos invita a repensar también la forma en que nos conectamos con el talento. Es más probable que tengamos colaboradores distribuidos por el mundo antes que personas contratadas de manera fija en nuestras organizaciones. Entonces, ¿por qué generar grandes estructuras cuando podemos acceder a través de la digitalización al mejor talento del mundo dispuesto a vendernos algún tipo de producto o servicio?

Con esta tendencia nacieron muchas plataformas que mejoran la búsqueda del profesional ideal para el perfil o rol que busca tu empresa. Algunas de ellas, como Freelancer, Upwork o Behance, permiten acuerdos livianos donde cada parte es responsable de su lado del acuerdo. Más que un contratante y un empleado (con toda la burocracia legal que esto implica), se establece una relación de corto plazo en la que ambas partes tienen responsabilidades para alcanzar el objetivo de un proyecto en particular.

Este libro, de hecho, fue escrito por 14 personas de 9 países distintos. Tanto por miembros del equipo de Beta como por colaboradores externos, a los que se sumaron otros profesionales de edición, redacción, estilo y diseño que nunca habíamos visto. Nos conocimos acá, escribiendo y produciendo este material que tienes en tus manos.

Por supuesto, estos formatos implican otros acuerdos desde la mirada de la estructura: plataformas de colaboración que se utilizarán, cultura, fechas de revisión de avances, códigos de trabajo y expectativas de resultados. Sin embargo, aunque a primera vista parezcan complicadas, estos procesos nos permiten trabajar con mayor eficiencia que si lo hiciéramos desde una estructura fija encadenada por el simple hecho de mantener el control, limitada por una oferta de talento local o cercano a la empresa.

Al hablar de estructura, es interesante analizar también los activos que la empresa decida o no tener. Vivimos un momento de transición en el que las empresas fundadas en el siglo pasado están teniendo muchas dificultades para darle el mismo valor a un *software* que a las máquinas que solían tener guardadas en sus enormes depósitos.

Hoy, las métricas son distintas. Importa más la utilidad que la facturación. La capacidad financiera para negociar con redes y proveedores más que los activos físicos propios. Muchos negocios se desarrollan utilizando activos de otros que son rentados para el negocio, y eso les permite concentrarse en hacer lo que saben hacer.

Durante mucho tiempo, lo más valioso fue el volumen; mientras más grande, mejor. Los empresarios destacaban su negocio en función de la cantidad de sucursales, funcionarios y activos. Es decir, mientras más grande era su estructura, mayor éxito se percibía.

Hoy la pregunta más importante que formulamos sobre los activos es: ¿cuáles son los que necesitamos para que exista la empresa? Antes, las señales de éxito de una empresa eran la cantidad de fábricas, de depósitos y de sucursales. Hoy en día esos valores ya no se perciben como grandes trampolines, se perciben como anclas que dificultan el movimiento.

En la actualidad se valora una empresa que tiene la agilidad para cambiar rápidamente de modelo de negocio. También, como vimos en el capítulo anterior, existen soluciones de negocios, como el *leasing* y el arrendamiento, que nos permiten usar activos sin necesariamente tener que comprarlos. Incluso, podemos emplear modelos asociativos, que implican que alguien que posee un activo (como una fábrica) lo pone al servicio de producir otro bien.

Antes de montar la estructura, intentemos validar primero el producto en el mercado. Es una buena señal para decir: «necesito una estructura empresarial». Llegados a este punto, debemos buscar cuál es la figura legal más simple para abrir una empresa. Muchos países cuentan con figuras llamadas «sociedades simplificadas», que requieren pocos trámites y bajos costos. Son las más recomendables para arrancar un proyecto en un estadio medio.

La clave es ir de lo simple a lo complejo, entender que el crecimiento de la estructura debe ser orgánico y sincronizado con el momento de la idea. El proyecto siempre podrá ir sofisticándose hacia sociedades más complejas que le permitan incluso captar capital o aplicar a la bolsa.

Tipo de proyecto

Durante la etapa inicial de un proyecto, cuando todo aún está por hacerse, este puede tomar infinitas formas. Sin embargo, lo más probable es que en etapa temprana aún no contemos con las fuerzas suficientes para llevar adelante todas ellas.

Es decisivo tener claro qué queremos ser o, al menos, qué queremos empezar siendo. ¿Una tienda? ¿Un producto? ¿Un servicio? ¿Un servicio vendido como producto? ¿Una aplicación? Sobre todo, es importante definirlo al momento de arrancar el proyecto, ya que es muy difícil en la actualidad lograr ser excelente en muchos frentes al mismo tiempo.

Antes, en tiempos productivos menos dinámicos, debíamos ser buenos en toda la vertical del negocio, es decir, cocinar el pan, distribuirlo, venderlo; incluso en preguntarle al cliente qué le había parecido el producto. Se trataba, como ya vimos en otros capítulos del libro, de mercados que requerían modelos más simples, sencillos, en los que la lógica era manejar todo el negocio.

Este mercado más global y tecnológico abre la puerta para que aparezca una nueva categoría de empresas que deciden jugar el partido de la eficiencia no necesariamente en toda la vertical, sino en una horizontal específica del negocio, y crean una solución muy buena y puntual para una parte del negocio pero a escala global. Por ejemplo, en la distribución, el transporte y el alojamiento han surgido gigantes que se están devorando el mercado, especializándose en segmentos muy específicos, capturando valor por ese servicio y descentralizando en socios estratégicos otras partes del negocio.

Por ejemplo, jugadores como Uber Eats o Pedidos Ya se dieron cuenta a tiempo de que el consumidor prefería cada vez más disfrutar de las comidas desde la comodidad de su casa, pero que existía un problema no resuelto en esa nueva demanda; la incapacidad de los restaurantes de facilitar su oferta en línea y de hacerse cargo con excelencia del envío de los pedidos en tiempo y forma.

Mirando la escena completa, un restaurante probablemente seguía ofreciendo las mejores hamburguesas de la ciudad, pero no tenía conocimiento en temas de *e-commerce*, logística y distribución a través de plataformas digitales, y empezaba a perder clientes. Entendiendo esto, muchos jugadores decidieron especializarse en lo que el restaurante no sabía hacer y le ofrecieron un modelo ganar-ganar que potenció el negocio de ambos.

Volviendo a la analogía de la panadería, en lugar de actuar en toda la línea de producción, podemos inventar una máquina para fabricar el producto, o innovar con un sistema para distribuir los panes, o desarrollar una plataforma de pedidos para que el pan caliente llegue a la mañana a tu casa, o bien crear una escuela de panaderos.

Esta modernidad de hoy nos permite jugar en uno o varios segmentos de una categoría, pero para poner los esfuerzos en los pasos más adecuados en cada etapa del emprendimiento es muy valioso ver en un contexto amplio (*zoom out*) la cadena de valor del tipo de negocio y la industria a la que estamos intentando ingresar. Solo así podremos visualizar todas las posibilidades y elegir el lugar desde donde queremos iniciar, dándole así una forma concreta al proyecto.

Tecnología

No podemos hablar de estructura sin hablar de tecnologías. Prácticamente todos los negocios están apalancados de cierta manera en algún tipo de *asset* o recurso tecnológico. Desde algo tan básico como un correo electrónico, hasta los documentos, las plataformas o las vías de comercialización.

Esto no significa, como hemos dicho, que todas las empresas que fundemos de ahora en adelante deban ser de «base tecnológica», sino que invita a que integren tecnología como medio. La tecnología va a agilizar procesos, transparentar gestiones, reducir costos, fidelizar clientes, aumentar el impacto y conectarse con el usuario para escuchar lo que piensa o siente.

Estamos en un momento líquido dominado por empresas cien por cien tecnológicas que entendieron este nuevo juego antes que todos. Muchas de ellas ya valen mucho más que compañías tangibles con siglos de experiencia y marcas consolidadas globalmente.

En esta etapa de la humanidad la tecnología se democratiza, es más accesible y se vuelve más barata, como ya hemos visto.

Esto sucede tanto en el plano de los individuos como en el de las empresas. Hace veinte años los sistemas de gestión corporativa valían miles de dólares. Hoy existen cientos de soluciones livianas que a través del pago de algunos dólares por mes nos habilitan un servicio básico.

Estas soluciones aplican a todas las áreas y actividades de la empresa: el manejo de clientes, administración de bases de datos, CRM, diseño de logotipos, gestión de redes sociales y plataformas. Todas estas herramientas nos permiten arrancar cualquier proyecto sin grandes inversiones iniciales.

Antes nos manejábamos con una agenda física, un papel y un lápiz, y tomábamos nota de las tareas de la empresa. Desde hace un tiempo las oficinas físicas comenzaron a convertirse en cuentas de Meet o Zoom; las cajoneras, en carpetas de Drive. A través de un set de herramientas digitales uno puede construir un paquete tecnológico sumamente económico y de calidad mundial, y moverse como cualquier corporación global.

Esto implica sumergirnos en una cultura de trabajo digital, asincrónica, basada en formas y acuerdos de trabajo sobre plataformas tecnológicas que permitan hacer tangible lo digital en la gestión funcional de la organización.

Es momento de (re)pensar las nuevas formas de trabajo que este nuevo contexto nos permite, una era de oficinas en la nube, trabajo asincrónico y equipos remotos que nos abren un horizonte enorme de posibilidades.

Cubrir tareas básicas en comunicación, videollamadas, almacenamiento de datos, sistemas de tareas, plataformas de ventas, seguimiento de datos y control son accesibles y hay opciones para todas las necesidades.

Caso de estudio Beta

Un equipo de emprendedores abordaba una problemática relacionada con la falta de metodologías existentes para resolver problemas complejos, o mejor descritos en inglés como *wicked problems*, en sociedades subdesarrolladas con grandes desafíos a la vista.

Se trataba de un grupo de personas muy capacitadas y con alto conocimiento en el tema. Sin embargo, no estaban encontrando el camino para darle una forma sencilla, amigable, concreta y comprensible al servicio que querían ofrecer. Hablaban de temas tan técnicos que se hacía difícil contar sobre el asunto a terceros, y ni hablar de poder venderlo.

Cuando llegó el momento de elegir el tipo de proyecto que querían construir, el debate fue desafiante. Discutían si convenía venderlo como un servicio de consultoría tradicional en el que un grupo de expertos acompaña al cliente en un período de tiempo enseñándole el camino, o si podían volcar el conocimiento a un producto tangible como un juego de mesa, un set de cartas, un libro o un juego en línea.

La decisión final tomada fue iniciar el proyecto vendiendo servicio de consultorías, pero con la intención de usar esa experiencia para poder estructurar mejor la metodología, logrando traducirla en un idioma coloquial más alineado a lo que entendería o compraría un potencial cliente. No obstante, el objetivo era usar esa experiencia para validación, pero que luego la metodología pudiese plasmarse en un producto tangible, mucho más escalable y con posibilidad de producirse en serie.

El grupo de facilitadores de Beta se dio cuenta de que el equipo de emprendedores sentados en la mesa esa mañana no había siquiera abierto la conversación sobre qué tipo de proyecto querían construir, por lo que descubrieron la importancia de diseñar la estructura base antes de salir a ofrecer lo que saben hacer y hacen bien. La parada valiosa fue soltar el piloto automático y pensar desde los zapatos del cliente: ¿qué forma le damos a esto para que alguien lo use o lo compre?

CAPÍTULO 10

IDENTIDAD

¿Por qué es importante reflexionar sobre la identidad antes de emprender?
Nombre
Símbolos
Personalización
Caso de estudio Beta

La identidad representa y simboliza lo que somos. Es un juego entre lo que decidimos mostrar y la imagen que otros se forman sobre nosotros. Así se construye el posicionamiento, aquello que nos singulariza y distingue como proyecto: cómo somos y qué proponemos. Las palabras, los símbolos, los colores, los gestos y las acciones, y también los silencios, hablan en nuestro nombre.

¿Por qué es importante reflexionar sobre la identidad antes de emprender?

*Por **Marina Ponzi**, fundadora y directora ejecutiva de Ladies-Brunch, Argentina*

La identidad es el conjunto de creencias, valores y personalidades que tiene una marca. Debemos tener muy clara nuestra identidad para que no haya inconsistencias entre lo que somos y lo que piensan que somos. La identidad es lo que diferencia a mi emprendimiento de otro que ofrece el mismo producto o servicio, es lo que nos hace únicos e irrepetibles.

Al hablar de identidad muchas veces nos limitamos a pensar en un logo, tipografía o en los colores de una marca. Sin embargo, este concepto abarca también el tono de comunicación, las imágenes y las fotos que usamos. Es decir, «lo que vendo más allá de lo que vendo».

Para poder definir la identidad de nuestro emprendimiento necesitamos hacer un trabajo de autoanálisis, conocernos a nosotros mismos como emprendedores. ¿Cuáles son nuestros valores? ¿Qué quiero lograr con el emprendimiento? ¿Cuál es la misión? ¿Como soy yo como persona? ¿Qué cosas me gusta hacer en mi tiempo laboral y en mi tiempo libre? ¿Qué llama mi atención?

Una vez definida la identidad, esta puede ayudarnos a tomar decisiones, saber con qué empresas aliarnos, con qué tipo de proveedores trabajar, y así sucesivamente, la lista de decisiones a tomar es infinita. Nuestra identidad comunica en todo momento y guía el camino de la empresa hacia su éxito auténtico.

Un punto importante en este camino de definir quiénes somos como empresa es asegurarnos de que la identidad no venga inspirada en lo que les funciona a otros. Esto es algo que veo frecuentemente. Lo ideal es hacer el trabajo de autoconocimiento y diseño para identificar nuestra verdadera identidad, y desde ahí construir una marca honesta, genuina, sin la necesidad de copiar lo que otros definieron.

Finalmente, el secreto pasa por la consistencia. Podemos diseñar y planificar una marca capaz de conquistar un montón de usuarios o, mejor aún, gran cantidad de fans, pero el trabajo más importante se da en el día a día posterior, cuando hay que hacer vivir esa identidad con acciones, conversaciones y realidades. Entonces, una vez que definimos la identidad, lo desafiante está en trabajar en mantenerla para generar confianza en el largo plazo.

Es natural en el proceso de creación que como emprendedores tengamos una gran claridad sobre nuestra idea en sus inicios, sobre todo de aquellos logros que queremos alcanzar con el proyecto. Pero también suele darse que cuando alguien externo nos pregunta en qué andamos trabajando, por más que le compartamos con entusiasmo nuestra magnífica idea y todos los avances del proyecto, la persona no logra entenderlos y queda más confundida aún.

Esto nos indica que hace falta trabajar en elementos que nos ayuden a contar más fácilmente quiénes somos, qué batallas peleamos y cómo nos gusta hacer las cosas. Por supuesto que hablo de la empresa, pero la realidad es que en los comienzos de una empresa esta tiene mucha relación con quienes la están moldeando, fundando o construyendo. Pensemos en el emprendedor como Clark Kent y en la marca como Superman. Muchas veces, el emprendimiento es un alter ego del emprendedor o de un grupo de emprendedores.

Entonces, como menciona Marina, para diseñar la identidad de una marca primero hay que hacer un trabajo de autoconocimiento del emprendedor. Y segundo, un trabajo de diseño que contemple el segmento de clientes al que se apunta, a la industria, a la categoría donde la marca juega, y qué objetivos quiere lograr.

A continuación, hablemos de algunos de estos elementos para definir las bases de la identidad de una marca o proyecto.

Nombre

El nombre de un proyecto, producto o empresa es la primera oportunidad (y la más corta) para contar una historia al público. Muchos dicen que encontrar el nombre adecuado pasa por un proceso creativo. Otros aseguran que es pura estrategia inteligente para capturar mercado, otros hablan de ciencia y otros de arte. Lo cierto es que en el momento en que nombramos algo le damos entidad, y esta definición requiere compromiso.

A veces es útil comenzar con un nombre provisorio. Nos permite empezar a construir el proyecto sin quedar entrampados en cuál será el nombre definitivo. Además, evita que el empréndimiento se estanque en procesos de verificaciones legales, registros y trámites que podrían tomar meses.

No existen buenos ni malos nombres: existen personas que los agrandan o que los empequeñecen, también quienes le imprimen a la marca su personalidad. Una lección de la vida también aplicable a las marcas es que «el hombre hace al nombre».

El nombre recién creado es como un vaso vacío: sin el contenido, sin un posicionamiento, aún desconocido. El desafío es encontrar un buen recipiente que nos permita ir sirviendo lo que queremos volcar en la mente del usuario. El posicionamiento de la marca no solo se da a través de la comunicación sino también de acciones, calidad del servicio o del producto, contactos. Así, el vaso se irá cargando con significancia, simbolismos y sentimientos entre el emprendimiento y el consumidor. Con el tiempo se construirá un lazo, incluso afectivo, entre ambas partes.

Sin embargo, no podemos desconocer que escoger un nombre con potencial ayuda y abre un camino distinto desde el inicio. Vivimos en esta economía de la atención y cada vez tenemos menos tiempo para todo. Si nuestro nombre es un trabalenguas, es probable que el consumidor no lo recuerde. Por eso, en la medida de lo posible debemos elegir un nombre simple, fácilmente memorizable y que logre empatía con el segmento de personas al que intentamos alcanzar. Y si habla un poco de qué hacemos y cómo lo hacemos, aún mejor. Por ejemplo, si una empresa se llama Buen Pan, no hace falta aclarar demasiado, pero debemos estar comprometidos con hacer buen pan.

Pero antes de crear y pulir el nombre, debemos entender qué tipos de nombre existen y a qué características preferimos aferrarnos. Podemos hablar de nombres descriptivos, como Buen Pan o Duracell. También encontramos nombres evocativos, como Nike, que habla de la diosa de la victoria, pero si no te lo explican, es muy difícil que conozcas el origen griego de la palabra.

Además, observamos nombres arbitrarios que no tienen una relación directa con el producto o tienen un vínculo más poético, como el caso de Amazon. Es el nombre de un río y puede relacionarse con un canal caudaloso, o por ser una palabra que incluye una letra A y una Z.

Finalmente, están los nombres que usan letras, símbolos o acrónimos. Este es el caso de IKEA, por las iniciales de su fundador.

Una vez elegido el camino y debatidas algunas opciones de nombre, existen diversos filtros que nos ayudan a clarificar si un nombre es bueno o no. El primero es la simplicidad, que se pueda leer, escribir y pronunciar de manera fácil en distintos lugares y en distintos idiomas. El segundo es la connotación, que no tenga significados negativos, incluso ofensivos, en algún mercado o para cierto grupo de personas. El tercero es la singularidad, que sea único, llamativo. Si pasa estos filtros, quedémonos con él.

Si todavía no encontraste el nombre para tu emprendimiento, un buen ejercicio es el *brainstorming* o lluvia de ideas. Agarramos una hoja de papel y, en un minuto, escribimos palabras de manera aleatoria, que pueden remitir o no al proyecto. Una vez que tenemos las palabras empezamos a jugar con ellas: las combinamos, mezclamos idiomas, las vinculamos a imágenes, y todos los movimientos que se nos ocurran para obtener una lista de posibilidades. Esta es una técnica muy utilizada por la mayoría de los especialistas en *branding* y el mundo de la creación; es un clásico infalible.

Como dijimos al comienzo del capítulo, la idea es que el nombre no paralice el desarrollo del proyecto, ya que este puede cambiar; por ejemplo, si ya está registrado.

El nombre es un vehículo que nos lleva a lo largo del camino. Puede acompañarnos desde el inicio hasta el fin del viaje, o podemos cambiarlo varias veces de acuerdo con lo que el recorrido nos demande.

Partamos con un *karting*, un auto chico llamado Proyecto X, y ese vehículo, en la medida en que el emprendimiento se vuelva más grande, crecerá con él. Grandes empresas del mundo en su etapa de crecimiento y desarrollo han tenido que cambiar nombres para adaptarse al mercado. Veamos el nombre como un aspecto que puede cambiar, tanto como la estructura, el modelo de negocio o el equipo.

Hoy en día un método eficiente y útil de búsqueda complementaria de nombres es buscar combinaciones posibles de las ideas que tengamos en buscadores de dominios como godaddy.com, squarespace.com, wix.com, entre otros cientos de soluciones. Finalmente, en gran medida hoy un dominio es clave para cualquier tipo de negocio, y este puede estar bastante relacionado con el propio nombre o marca.

Símbolos

El símbolo conecta con la dimensión más visual del emprendimiento. Es la forma en que las personas recordamos cosas simples: íconos, formas. Es el modo más básico de comunicación y se remonta a los orígenes de la humanidad. Desde los dibujos en las cavernas hasta el símbolo de la paz, pasando por la cruz del cristianismo. Los símbolos son un medio de expresión de emociones, pensamientos y valores.

Si un fanático de la tecnología ve un logo de una manzana mordida, automáticamente sabe de lo que se trata. De la misma forma, si una persona amante de la música ve unos lentes redondos, lo más probable es que imagine a John Lennon.

Independientemente del país en el que estemos, si vemos el símbolo + probablemente pensaremos en una farmacia o un hospital. El mismo signo representa lo mismo tanto en Irak como en Estados Unidos o Paraguay.

La combinación del nombre con un símbolo da vida a una marca, que termina siendo el vaso que se irá llenando con acciones, ofertas, relaciones, recompra. En definitiva, buenas y malas experiencias que irán trazando una historia de vida y que se traducirá en un posicionamiento en la mente del consumidor. Sin embargo, no es más que eso: un contenedor que nos permitirá alojar estos elementos relacionados con la marca desde un símbolo, una señal, un nombre.

Buenos símbolos, íconos e incluso marcas llegan a formar parte de la cultura pop mundial. Millones de personas usan ropa con logos por gusto, por sentirse parte de una comunidad. Este tipo de acciones resaltan el trabajo de posicionamiento de la marca y su capacidad para establecer un vínculo afectivo con sus consumidores.

Personalización

Un proyecto puede decidir y diseñar su personalidad. Este paso le permitirá ser coherente a la hora de hablar o interactuar con los clientes y, por sobre todo, tener claro qué rol juega en la vida de los demás.

En el capítulo «Cerebro» hablamos de la propuesta de valor. De alguna manera, la construcción de la personalidad se relaciona con elegir en qué vamos a ser buenos. Sin embargo, si la propuesta de valor está más enfocada al negocio, esto se relaciona con cómo se comporta el emprendimiento con el consumidor en el plano de la comunicación.

Varias corrientes que plantean esta mirada sugieren ejercicios para aplicar en el mundo de la organización. Una de las teorías de *marketing* más reconocidas y utilizadas en el mundo es la de encontrar un arquetipo de marca. Se trata de una teoría desarrollada por Carl Jung, un psicólogo suizo que trabajó la teoría del juego, en la creencia de que los humanos usan el simbolismo como un medio para comprender su mundo.

Esto se logra mediante la introducción de historias antiguas en las que los humanos pueden sentir que los personajes son instantáneamente reconocibles por nosotros porque son parte de nuestro inconsciente colectivo compartido. De acuerdo con esta teoría, todas las narrativas de la historia se pueden contar a través de 12 arquetipos o personalidades. Así, quien las escucha puede conectar con ellas muy fácilmente, porque son historias que asimila como conocidas.

Empecemos por el arquetipo de la magia. Las marcas que trabajan con este tipo de historias apuntan a la materialización de proyectos, la autorrealización, la fantasía, la búsqueda de buenos deseos para todos. Una marca famosa en este terreno es Disney.

También tenemos el arquetipo de la creatividad. Aquí el objetivo es construir algo de valor verdadero, darle forma a una visión. Aquí podemos mencionar a empresas como Lego, que nos invitan a jugar y crear.

Otras marcas apuestan al arquetipo del amor, cuyo objetivo central es la intimidad y la experiencia. Buscan comunicar emociones relacionadas con la autoestima y el deseo. Es un mundo muy apropiado para la venta de perfumes, lencería o bombones, productos que para el consumidor tienen una conexión emocional con el romance.

El arquetipo del cuidador, cuyo deseo central es la protección de las personas y ayudar a los demás, es un recurso muy útil para seguros médicos y empresas de salud.

El arquetipo del explorador que busca encontrarse a sí mismo mientras se adentra en lo desconocido invita a experimentar la vida en libertad, a ambicionar cosas nuevas. Marcas como Caterpillar, Jeep y Land Rover son ejemplos de esta categoría.

En una sintonía similar, pero no igual, encontramos el arquetipo de la rebeldía, que no es ni buena ni mala. Su deseo es revolucionar, destruir lo existente y vivenciar una libertad radical. Aquí encontramos a marcas como Harley-Davidson, e incluso organizaciones como Greenpeace, cuya forma de comunicar es ir contra la corriente, atacar el *statu quo*, ofrecer un camino alternativo.

Por el contrario, otras empresas se conciben desde la inocencia, el hacer las cosas bien, el ser feliz. Este es el caso de las cadenas de comida rápida que dirigen su estrategia a los niños a través de los juegos, el payaso y las cajas con sorpresa.

Entender los arquetipos nos ayuda a comprender cuál es la personalidad de nuestra marca, cómo puede hablar, cómo puede verse en imágenes. Si queremos profundizar este tema, podemos encontrar mucho material, desde libros hasta notas periodísticas.

Al igual que los distintos elementos que venimos observando en este recorrido, la definición de la identidad es una parte importante del diseño y de la ideación de un proyecto. Se trata de un proceso vivo y orgánico. Representemos en nuestra mente la identidad como un árbol que debemos cuidar para que crezca y podamos recoger sus frutos. Es una tarea diaria y cotidiana. Las marcas que logren crear identidades auténticas tendrán un impacto positivo, más allá de los recursos gráficos y audiovisuales que utilicen. Lo importante es que sean honestas, creíbles y con una propuesta clara para conectar con sus usuarios.

Caso de estudio Beta

Una consultora de gestión, procesos e innovación con más de 10 años de experiencia convocó a Beta a Valparaíso para hacer una actualización (*aggiornamento*) de la marca, algo que llevaban intentando hacer internamente por un par de meses sin llegar a buen puerto.

Esta organización casualmente es de un colega, amigo y miembro de la comunidad Beta desde el inicio, así que este proceso, además de trabajar la marca, fue una oportunidad de ampliar la comunidad Beta en Valparaíso con otros actores locales.

El taller fue muy relevante, sobre todo al momento de analizar el nombre actual y cómo simplificar la marca visual, para darle más peso, lectura y potencia. Se logró un resultado donde se acortó el nombre y se eliminaron elementos gráficos, dejando una identidad más simple y legible, y esto, más allá de qué tipografía se usó, fue una decisión lógica tomada no por diseñadores. Miembros de la organización haciendo ajustes a su propia marca desde cosas que veían pero no ajustaban porque no encontraban el momento.

También se vio la necesidad de revisar cómo se describen y presentan, ya que por su nivel técnico a veces era difícil transmitir lo que hacían o llevarlo a un concepto sencillo de entender por el mercado. Analizando las respuestas del taller se decidió usar el término «tecnología social» como descriptivo de la marca, porque resonaba con sus formas y metodologías de trabajo.

En 48 horas se logró renovar la marca gráfica, el propósito y la descripción de la marca y la presentación institucional de la empresa, además de forjar una alianza de trabajo con la empresa consultora como embajadores de la herramienta. Este fue uno de los procesos donde Beta demostró su potencia para catalizar procesos y conversaciones que llevan meses en la mesa a acciones claras y concretas.

Procesos más bien basados en facilitación de espacios para mejoras continuas que en salidas técnicas muy elaboradas. Es ahí donde Beta ayuda como metodología para resolver este tipo de desafíos.

ALMA

¿POR QUÉ ES IMPORTANTE REFLEXIONAR SOBRE EL EMPRENDEDOR Y SU EQUIPO ANTES DE EMPRENDER?

EQUIPO

MENTORES

GOBERNANZA

CASO DE ESTUDIO BETA

Así como el concepto del alma es inexplicable en ciertas lógicas, también es la base de ciertas creencias. Para nosotros, el alma es al cuerpo lo que el emprendedor es al proyecto.

¿Por qué es importante reflexionar sobre el emprendedor y su equipo antes de emprender?

*Por **Cora Fassina**, consultora en metodologías ágiles y de innovación, España*

Desarrollar un emprendimiento es traducir lo intangible (nuestras ideas) a lo tangible (acciones en el mundo). Ese proceso se encuentra atravesado por diferentes fases que solo son posibles de transitar a partir de la participación de personas reales y comprometidas con un objetivo en común.

Estos actores se convierten en el alma del emprendimiento, porque su colaboración da vida y se articula en instancias recíprocas de crecimiento constante. Cada persona aporta parte de sí y se conjuga con el todo, y de esta manera se genera una plenitud entre ellas, los valores individuales y el propósito del proyecto.

Reflexionar sobre el equipo en etapas tempranas permite determinar qué tipo de características técnicas o habilidades blandas son requeridas para nutrir el proyecto. También influye en la determinación de un norte que, en un futuro, permitirá tomar decisiones coherentes y ágiles. Y, sobre todo, impulsa a definir un «cómo», es decir, decidir y diseñar los procesos que harán posible la interacción entre las partes.

Sobre las características técnicas o blandas requeridas para desarrollar nuestra idea, debemos saber que es muy beneficioso construir un equipo acorde, alinear necesidades y personas con habilidades, experiencias y conocimientos especiales para esta instancia particular. Pero también debemos tener en cuenta que será muy posible que en un futuro cercano nuestros requerimientos muten, porque nuestro emprendimiento será un sistema vivo que contará con la posibilidad de coevolucionar y moverse hacia la mejora continua.

La misión del equipo será la de acompañar los cambios; por lo tanto, deberá mantenerse liviano, dispuesto a mutar a favor de necesidades reales, pero siempre en eje con los valores y el propósito del emprendimiento.

Con respecto a la determinación de un norte, pensemos en la importancia que cobra contar con un equipo alineado desde su inicio, tener la posibilidad de fijar metas a corto y largo plazo de manera colaborativa, determinar quiénes podrían ser los mentores actuales, posibles y soñados. Incentivar a que las personas puedan inspirarse e imaginar cómo será esta iniciativa en un tiempo determinado, escuchando todas las voces y practicando la inteligencia colectiva desde el minuto cero.

Y sobre la determinación de un proceso para llevar a cabo el emprendimiento, imaginemos cómo sería comenzar a desarrollar una idea diseñando una metodología que se vaya adaptando al equipo y no al revés. Los principios y formas que rigen las actividades del proyecto cumplen un rol fundamental a la hora de hacer real una idea, porque son ellos los que convierten lo intangible en prácticas cotidianas.

Si tenemos la posibilidad de diseñar junto a un equipo inicial las bases del sistema de gobernanza que ordenará y dará coherencia al día a día de las personas, las decisiones tomadas en esta instancia serán más que poderosas, porque serán construidas desde abajo, por y para las personas que las ejecutarán. Es así como la «transparencia», la «mejora continua» o la «efectividad» pasan de ser de lindas palabras a acciones reales que generan impacto positivo.

Por lo tanto, reflexionar en instancias tempranas del emprendimiento sobre el equipo permite no solo tomar conciencia sobre la magnitud de nuestra idea, sino que también nos invita a tomar decisiones coherentes y alineadas, muy valiosas en el momento preciso, esquematizar un camino posible y, sobre todo, integrar y escuchar desde el minuto cero a las personas que sueñan y viven por él.

Equipo

La unidad mínima del equipo es el emprendedor. Es el motor, la energía y el combustible. Es la persona que muchas veces sacrifica tiempo, familia y oportunidades en busca de su sueño.

Desde afuera, el mundo del emprendimiento parece un parque de diversiones; entretenido, sí, pero para vivirlo hay que saber soportar su vértigo, las subidas y las bajadas bruscas. Para dirigir una organización se requieren personas con lógica, perspicacia, intuición, creatividad y empatía. Cualidades humanas, ya que las máquinas, por ahora, no dirigen negocios.

Es importante dar una mirada crítica al perfil del emprendedor. Entender cuáles son sus éxitos y sus fracasos, porque estos episodios moldean su forma de reaccionar, rendirse o levantarse para seguir adelante. Ojo, hablamos del error como parte de un proceso de aprendizaje, no como un estigma. Una falla no determina la calidad de un emprendedor. No se trata de si se cayó, sino de cómo se levantó.

Y en esta línea, un dato curioso es que los inversores por lo general observan con detenimiento al emprendedor más que a la oportunidad de negocio presentada, y analizan cómo este se recuperó de una falla o de algún tropiezo, y cómo actuó en sus fracasos anteriores.

La recomendación es apostar por una persona emprendedora que ya pudo hacer cosas, antes que por una idea aparentemente buena pero pensada por un emprendedor sin experiencia. Tampoco es aconsejable arriesgar por una buena idea presentada por personas que no pueden dedicar atención completa al proyecto.

Ahora, ¿qué características debe tener un buen emprendedor? Primero, visión: saber hacia dónde va y tener la capacidad de materializar sueños. Segundo, saber *linkear* el sueño con el negocio, convirtiéndolo en un producto o servicio comercializable. Tercero y último, tener el conocimiento técnico necesario para desarrollar el emprendimiento.

Una persona puede tener estas tres capacidades, o bien pueden estar repartidas en distintos individuos que integran el proyecto. Es importante identificar nuestras habilidades, pero sobre todo nuestras limitaciones, para complementarnos con personas que son buenas en ciertos roles, y construir así un equipo mucho más sólido.

En algunos casos, las ideas ganan fuerza y muestran un panorama prometedor a futuro. Sin embargo, en el caso de tratarse de un equipo conformado por varias personas pueden existir tensiones entre los socios, los líderes o el equipo, y estas situaciones terminan limitando el desarrollo y el crecimiento. Es clave cuidar las relaciones interpersonales ya que gran parte de los problemas en las empresas surgen a raíz de tensiones humanas: choque de visiones, sesgos de oportunidades colectivas, mala comunicación o desacuerdos por falta de empatía.

Por eso, es importante incorporar a nuestras organizaciones desde sus inicios algunos acuerdos livianos, métodos y espacios de confianza donde se pueda conversar con honestidad. Las empresas del futuro serán mucho más humanas y entenderán que son las personas las que piensan y operan detrás de cada organización.

Emprender es un viaje y, como sucede cuando uno se embarca en una travesía larga, hay que cuidar el *animus societatis*, el ánimo y el espíritu entre los socios. No es una cuestión de tecnología, inversiones o capital, sino de resguardo de las relaciones humanas. De por sí, los vínculos entre personas son complicados. Si son difíciles en una familia, imaginemos en una empresa, donde quienes la integran están atravesados por dinero, sueños y egos. Debemos tener la capacidad de identificar todas estas energías y administrarlas para el bien del proyecto.

Sin embargo, debemos reconocer que a veces las cosas se terminan naturalmente: se acaban los sueños, cambian los planes, las historias o los contextos. La empresa es un organismo vivo y, al igual que las personas, cumple un ciclo: nacimiento, desarrollo y muerte. Reconocer esto es entender la complejidad de la vida y la flexibilidad que se necesita en la empresa.

Debemos dejar de ver a la empresa de manera fría, una constitución societaria, un logotipo, una marca, una máquina que da resultados a fin de año, y comprender que en definitiva se trata de un grupo de personas con una meta, un propósito y un plan. Al fin y al cabo, un grupo de individuos haciendo aquello que se propusieron.

Mentores

Existen muchas personas con experiencia en el mundo del emprendimiento dispuestas a dar conocimiento, tanto de forma directa como a través de medios de comunicación y redes. Son los mentores, que comparten su mirada no por generosidad altruista, sino porque ayuda a construir buenas redes que se retroalimentan formando un círculo virtuoso.

Creemos que este círculo virtuoso no solo beneficia al emprendimiento y al mentor, sino que ayuda a construir un ecosistema de emprendimientos que se retroalimentan y potencian de manera exponencial, aunque sea de manera indirecta. La experiencia de un emprendimiento puede terminar ayudando a construir otro, y así aumentar las posibilidades de emprendimientos exitosos cuanto más maduro esté el ecosistema.

Algunos mentores son profesionales de su oficio y ayudan de manera remunerada, pero otros colaboran de modo abierto y gratuito.

Es importante entender dónde están los mentores que pueden ayudarnos en nuestros procesos y conectar con ellos. En Latinoamérica y el mundo existen cientos de fuentes de apoyo al emprendedor, como mentorías, consultorías, programas, redes, empresas, organizaciones y organismos internacionales. Muchos de estos recursos disponibles son gratuitos. Otros, incluso, cuentan con fondos de apoyo.

Los mentores y consultores son valiosos porque nos aportan una mirada externa. Muchas veces observan cosas, en general sencillas, que nosotros desde adentro no vemos, sea porque estamos muy contaminados por un problema o muy sesgados con cierta parte del emprendimiento.

No obstante, para recibir este regalo de aprendizaje primero debemos tener un espacio en nuestra mesa para poder recibirlo. Esto significa que tenemos que estar abiertos y ser flexibles, estar dispuestos a escuchar al otro. De la misma forma que valoramos nuestro tiempo, hagámoslo con el de los demás: si uno pide ayuda, debe estar abierto a incorporar las ideas que se le ofrecen.

Llegados a este punto, podemos distinguir entre dos tipos de mentores. Los primeros son los mentores cercanos, gente amiga pero que tiene un poco más de experiencia que nosotros. Es un recurso válido.

Los segundos son los mentores soñados, gente que nos inspira con su forma de hacer las cosas. En este momento existen grandes emprendedores mundiales tecnológicos que están transformando la salud, el comercio, la movilidad, hasta los viajes espaciales, y están contando sus avances en redes sociales. Este es el caso de gigantes como Elon Musk, Jeff Bezos, Larry Page, Richard Branson. También de emprendedores locales como Marcos Galperín, de Mercado Libre (Argentina) y Daniel Undurraga, Juan Pablo Cuevas y el sueco Oskar Hjertonsson, de Cornershop (Chile). Los grandes emprendedores del mundo y la región nos están mostrando cómo se pueden hacer las cosas de manera diferente. Sigámoslos, porque están haciendo bien las cosas y podemos aprender de su ejemplo.

Gobernanza

De la misma forma que no podremos usar un teléfono de última generación con el sistema operativo desactualizado, nuestra empresa no podrá funcionar sin el *software* correcto por más que tengamos buenas ideas de negocios y un personal con sueños alineados. En este caso, el *software* es cómo hacemos las cosas, cómo nos relacionamos, cómo administramos los tiempos, cómo administramos las diferencias.

En las empresas del pasado dominaba el verticalismo del fundador y dueño de toda la vida. Tenían un esquema decisorio conocido como *top-down*, de arriba hacia abajo. El superior daba una orden, como en el ámbito militar, y esta descendía a los escalones inferiores. Las empresas del futuro requieren un sistema operativo diferente.

Es importante mejorar un sistema de reuniones, incorporando procesos de facilitación y seguimiento de temas. El manejo de espacios claros de trabajo, con propósitos bien entendidos, ordenados en reuniones operativas para temas de gestión y encuentros de gobernanza enfocados en temas de cómo trabajamos o nos organizamos son muy productivos para las empresas de hoy.

También es determinante contar con métodos ágiles de toma de decisiones. Así como el verticalismo no es el mejor camino, tampoco lo es la búsqueda de un consenso absoluto, porque puede paralizar la marcha del emprendimiento.

Los sistemas de trabajo basados en la sociocracia aportan modelos sumamente claros de cómo trabajar estos temas. Refiere a un modo de toma de decisiones y de gobierno que permite a una organización, cualquiera sea su tamaño —desde una familia a un país—, comportarse como un organismo vivo, y de autoorganizarse y autocorregirse.

Su fundamento moderno se basa en las teorías sistémicas y el objetivo más importante es el de desarrollar la coparticipación y corresponsabilidad de los actores, otorgando poder a la inteligencia colectiva al servicio del éxito, con dinámicas que aportan una operatividad mucho más fluida a las organizaciones.

Estrechamente vinculado a esto encontramos el diseño organizacional donde más que estructuras verticalistas y divididas en departamentos hoy se habla de empresas «circulares», más eficientes y ágiles, que permiten una operación más fluida. Corrientes como la holocracia, entre las más conocidas, están planteando un nuevo modelo de organigrama.

Se empieza a hablar en el mundo empresarial de «incorporar la efectividad». ¿Y cómo se le mide? Con métricas reales. No se dice «creo que no cumplió con sus tareas», sino que se revisan las tareas y se mide su eficacia a través de cuestiones tangibles.

De todos modos, el asunto es cómo cada uno se hace responsable por los resultados. Las empresas no son jardines de infantes, y ya no deberían necesitar personas que controlen el trabajo de los demás. Necesitamos construir organizaciones con personas comprometidas y responsables de sus labores.

También se revaloriza la transparencia. Durante mucho tiempo, los resultados y las políticas relevantes de la empresa quedaban en manos de directorios cerrados, ubicados en el último piso de la compañía. Hoy en día las empresas más ágiles y eficientes manejan gobernanzas abiertas, socializadas, participativas, equitativas con sus miembros, donde las políticas están claras, son visibles y tangibles. Incluso comparten sus números y resultados. En la actualidad, colaboradores y consumidores quieren conocer la postura de la organización sobre ciertos temas que impactan a la sociedad en su conjunto, para saber si están alineados o no con ella.

Otro concepto importante es el «empirismo». Implica darle espacio al conocimiento que se construye a partir de la experiencia y la reevaluación constante. Es la base del aprendizaje. Más si estamos construyendo compañías que no están ancladas al pasado, sino empresas nuevas y del futuro, que postulan un nuevo modelo de impacto.

Este capítulo estuvo vinculado a las personas y los equipos. Y no es menor, porque un grupo de personas con valores claros, apalancados sobre un propósito y distribuidos en toda la organización, capaces de integrar tecnología social de forma eficiente para cumplir sus objetivos de manera liviana, es un colectivo que puede cambiar cosas importantes en el mundo.

Estos son los condimentos para crear un organismo potente. Una célula tiene ciertas capacidades, pero cuando muchas células se juntan forman tejidos, órganos. Esta distinción es lo que permite estructuras capaces de crecer integradas a su entorno, teniendo un impacto positivo en él.

Ya en el tramo final del recorrido advertimos que estos elementos que hemos visto son importantes para diseñar una organización potente y sortear el presente que nos toca vivir, pero no son una garantía suficiente para tener éxito. A diferencia de un producto que podemos comprar en el mercado, el emprendimiento viene sin garantía y fallar es parte del proceso.

Caso de estudio Beta

En la evolución de un proyecto que tenía bastante solidez en el desarrollo de la idea y la validación de la oportunidad de negocio, los socios sostenían que necesitaban más desarrollo tecnológico para dar el siguiente paso de crecimiento.

Todo el esfuerzo, entonces, estuvo puesto en buscar un productor de *softwares* para avanzar con el proyecto, aunque hasta ese momento no había mucha claridad de qué se necesitaba desarrollar o qué forma tomaría la versión tecnológica de la idea. Mucho menos se podía valorar la inversión necesaria en dinero o tiempo para el desarrollo del programa. Este proceso de establecer muchos contactos sin obtener resultados llevó a los socios a una fase de confusión y frustración que los condujo a pensar que la idea no era lo suficientemente buena.

Sin embargo, la idea sí era buena: se trataba de una herramienta de diagnóstico para empresas en un tema clave y actual. Lo que no estaba claro era cómo tenía que funcionar, cuáles indicadores mediría, cómo debía verse el reporte final, cómo se leería el resultado, en fin, cómo esta herramienta resultaba relevante para la organización.

Al darse cuenta de que aún faltaba encontrar muchas respuestas para dar el salto tecnológico, los socios decidieron incorporar al proceso una persona con el rol de «*maker*», un perfil que fusiona habilidades de un diseñador gráfico con alta curiosidad con conocimientos de herramientas *no code*, herramientas ya desarrolladas que brindan todo tipo de prestaciones digitales, y que con ciertos conocimientos básicos permiten lograr una solución semi-tecnológica, eficaz, rápida y mucho más económica.

Esta decisión permitió que el proyecto diera un paso previo a la gran inversión que hubiese exigido el desarrollo o la programación. Y fue una excelente experiencia en el manejo de equipo gracias a la guía de mentores entendidos en el tema. Al mismo tiempo, este camino condujo unos meses más tarde, y ya con un producto más tangible y funcional, a la asociación del equipo con una empresa tecnológica que hoy se encuentra trabajando en el desarrollo del *software*, pero ya con mucha más claridad del rumbo a seguir.

Este es un caso donde la decisión de incorporar un rol interno más técnico permitió la llegada de un actor externo que logró escalar el producto a un siguiente nivel, a cambio de una participación como socio en el negocio.

MANOS A LA OBRA

Consejos prácticos

La peor idea es la que no nace. Si se nos ocurre algo, probémoslo. Te invito a validar ese pensamiento que apareció en tu cabeza. Un eventual error será un aprendizaje, un escalón más hacia el objetivo. Lo peor que puede sucedernos es tener una iniciativa, no testearla y quedarnos con las ganas de materializarla.

En este capítulo veremos cómo minimizar los riesgos que trae aparejado el emprendimiento. También ayudaremos al lector a definir su primer paso, un tema relevante en este proceso.

Consejos prácticos

El primer paso es una etapa difícil, en la que habitualmente cometemos diversos errores. Por ejemplo, ponemos recursos valiosos (financieros, humanos, tiempo) en lugares secundarios o innecesarios. Un factor que produce la mayor cantidad de cierre de empresas es el flujo de caja, que muchas veces se relaciona más con no prever o ejecutar eficientemente la inversión inicial que con la facturación esperada. Recordemos que a los nuevos proyectos no podemos exigirles un plan de negocios antes de que tengan un modelo claro; por el contrario, son proyectos que necesitan de soporte, inversión y recursos de sus fundadores.

Es como levantar un edificio: si los cimientos son defectuosos, la construcción corre serio riesgo de colapsar.

Veamos algunos consejos rápidos para empezar el emprendimiento con el pie derecho.

Evitar distractores

El primer consejo es el foco. Si queremos abarcar todos los frentes al mismo tiempo, probablemente no tendremos los recursos y la atención necesarios para que el emprendimiento sea eficiente. Entonces, tengamos un plan, pero con mucha apertura y flexibilidad para cambiarlo y adaptarlo en el camino.

El foco nos ayuda a evitar distractores. Por ejemplo, constituimos una sociedad, nos enfrascamos con un desarrollo (o hasta nos enamoramos de un logotipo) pero todavía no sabemos si el emprendimiento producto o servicio va a funcionar. Es perfecto tener ganas y apasionarse con las ideas, pero no debemos dejar que eso nos desvíe del camino. Tenemos que orientar los recursos a los puntos que en un inicio son más importantes para el emprendimiento, poniendo el foco en crear algo de valor que tenga correlación con el mercado.

Aislamiento extremo

Todo emprendimiento tiene partes confidenciales. Que trabajemos de manera abierta y colaborativa no significa que tengamos que abrir todos los datos; qué se abre y qué se mantiene reservado depende de la estrategia. Si estamos trabajando en una patente, una vacuna o el desarrollo de una nueva tecnología, obviamente no publicaremos todo el proceso de entrada. Cierta información debe trabajarse con extremo cuidado. Entender esto nos ayudará a movernos mejor en el juego.

Este aislamiento convierte al espacio de trabajo en un búnker y ayuda a que el equipo esté concentrado, sin distracciones. Aunque sea pequeño, es bueno tener un lugar de encuentro (puede ser físico o digital). Un garaje puede parecer pequeño pero, como ya vimos, es un espacio desde donde han surgido experiencias revolucionarias.

Fomentar conversaciones constructivas

Las conversaciones son el medio por el cual construimos realidades. La innovación y el buen trabajo en equipo fluyen desde espacios seguros donde podemos compartir en libertad lo que pensamos sin ser juzgados. Espacios donde se respeta y aprecia la diversidad de ideas, la tolerancia, y en los que se puede hablar de los conflictos, los llamados elefantes blancos dentro de la habitación: están ahí, son gigantes y molestos, pero nadie se anima a abordarlos.

Como hemos remarcado anteriormente, es importante darle espacio a lo personal, a cómo están las personas y los equipos. Una de las mejores formas de construir espacios de confianza es a través de buenas conversaciones.

Gran parte del éxito del emprendimiento se relaciona con ir desatando los nudos que nos presenta la ejecución del proyecto. Una buena calidad de conversaciones y la capacidad para destrabar tensiones de manera rápida y fácil nos convierte en un equipo mucho más adaptativo y eficiente para emprender. Debemos entender que estas tensiones estarán siempre presentes, porque emprender, que significa «hacer camino», implica encontrarse con problemas. Son signos de movimiento.

Sería preocupante que siempre estemos todos de acuerdo y que nunca discutamos por nada. Implicaría que no está sucediendo nada significativo, que estamos cómodos en el lugar en el que nos encontramos y no nos estamos desafiando. Perdamos el miedo a las tensiones y encontremos los mecanismos adecuados para destrabarlas y seguir adelante.

Eficiencia y métricas

La eficiencia es una de las claves del éxito. Para alcanzarla debemos ponerle tiempos y métricas a la gestión, y hacer el seguimiento necesario para que los procesos tengan un ritmo razonable. No podemos quedarnos atrapados diez años en un estadio.

Es fundamental pasar del control al autocontrol guiado por métricas claras. Es decir, no solo que los líderes de la organización sepan qué tienen que medir, sino, sobre todo, que los miembros de la organización sepan qué tienen que hacer. Muchas veces, las tareas, los instrumentos y los objetivos son confusos y surgen los problemas.

Flexibilidad y mejora continua

Estos conceptos nos hablan de la importancia de tener la liquidez y la adaptabilidad para transformar nuestro proyecto, de incorporar una cultura de la organización basada en mejoras continuas. Debemos entonces escaparle al aburguesamiento y sostener un vínculo cada vez más cercano con el consumidor para dar soluciones a necesidades que son cambiantes. Ya hemos visto que la empresa es como un organismo vivo, y como tal se regenera, elimina lo que no sirve e incorpora nuevas cosas. Todo el tiempo está cambiando y evolucionando.

En un esquema ideal, toda organización (y no solo el liderazgo) persigue esta mejora continua en todas las áreas. En todos los eslabones de la empresa se abren oportunidades para mejorar la gestión, desde la atención al cliente hasta la comercialización, pasando por cómo imprimimos una factura. Esto, que es parte del ADN de las empresas del futuro, ya es aplicado por empresas tradicionales.

La situación ideal es que la organización lo incorpore como una cultura de trabajo y la aplique como formato de ejecución en todas sus áreas, tanto internas como externas.

Pensar en chico, fallar rápido

Esto se relaciona con algo que vimos antes: identificar el primer paso. Muchas veces pretendemos tener el proyecto absolutamente cerrado antes de salir al mercado. La recomendación es la opuesta: comenzar con una primera versión más pequeña del emprendimiento, salir a validarla y dar el siguiente paso.

Una idea instalada en el mundo corporativo y de las organizaciones es el «no equivocarnos». Justamente esa cultura del emprendimiento de pensar en pequeño y fallar rápido como modelo de desarrollo de un negocio es sin duda un camino interesante que incorporar.

Empezar con un producto mínimo viable y fallar rápido nos ayuda a reducir riesgos en las inversiones y posibilita introducir pequeños cambios al modelo durante el proceso.

Esto es lo que se conoce como «mitigar el riesgo del fracaso». La pregunta es: ¿por qué hacer un experimento grande cuando se está probando algo nuevo? Más cuando no se trata de todo el producto, sino de testear algo de un departamento o una sección.

En este sentido, podemos entender el fracaso como parte de un proceso de experimentación. Pero atención: debe serlo con mitigación del riesgo, sin poner en peligro las cosas que ya funcionan.

Equipo pequeño

Mientras más grande es el equipo, más compleja es su dinámica. Con el crecimiento del grupo aparecen las divisiones, los coordinadores, y se empieza a perder autonomía.

Los equipos pequeños son mucho más precisos y efectivos a la hora de emprender. De hecho, cuando uno observa la historia de grandes empresas encuentra que, volviendo a la analogía del garaje, fueron creadas por dos o tres personas. Por supuesto, después crecieron y emplearon a miles de personas, pero eso no invalida que la mejor estrategia sea comenzar con equipos reducidos cuando el emprendimiento apenas inicia. Sumar demasiadas personas complejiza las discusiones y dificulta llegar a acuerdos, porque seguramente no todos entenderán el plan de la misma manera. El creador de Amazon, Jeff Bezos, tiene una regla: si se deben pedir más de dos pizzas, el grupo ya es demasiado grande.

Pensar en productos mínimos viables

En la misma línea de lo que mencionamos de foco, pensar chico y fallar rápido, en el mundo del emprendimiento se habla frecuentemente, como ya vimos en el capítulo 5, de los MVP o productos mínimos viables.

Esta teoría nos invita a bajar este sueño gigante a una versión pequeña del producto. Así como el arquitecto arma primero una maqueta antes de construir un edificio, en el emprendimiento el prototipo sirve para compartir el producto a un primer anillo de personas cercanas a la empresa, para que puedan verlo y probarlo.

Un MVP se puede desarrollar con métodos muy livianos y de muy bajo costo. Por ejemplo, a través de soluciones webs, redes, comunicación y base de datos. Podemos validar cuestiones importantes del negocio a través de formularios, encuestas, preguntas al consumidor, mediciones de interés y de propuesta de valor o experimentos de precios, entre cientos de opciones posibles.

Estar siempre en beta

En los últimos capítulos mencionamos varias veces el concepto de beta. Se dice que algo —una empresa, un producto, un *software*— está en versión beta cuando no está listo y se le lanza al mercado, hasta que esté lista la versión definitiva.

La invitación es a vivir en beta: a estar en prueba y experimentación constante. Vivimos en un mundo cambiante, en que el hoy, el ayer y el mañana son muy distintos entre sí. No proponemos mejorar nuestros proyectos una vez al año o hacerlo en procesos aislados. Es más bien una invitación a incorporar este concepto a la cultura, a modificar nuestro ADN.

En este camino debemos despojarnos de una serie de ideas y prácticas que se han vuelto obsoletas, que incluso nos nublan la vista y nos impiden observar las nuevas oportunidades que están emergiendo en todos lados. La invitación es a ser aprendices permanentes, desaprendiendo lo aprendido que ya no nos sirve hoy e incorporando siempre cosas nuevas.

En ese proceso de aprendizaje también podemos reconfigurar la forma de emprender como herramienta de impacto positivo para el mundo. Pero para generar un impacto global no basta con un emprendimiento exitoso o un puñado de ellos, es necesario un verdadero cambio cultural.

Para que un cambio de este tipo pueda darse se debe movilizar la mayor cantidad de emprendedores en el mundo, y que desde esa masa crítica se genere una transformación. Que surja así un nuevo modelo a la altura del contexto actual, basado en la sustentabilidad y un nuevo nivel de consciencia.

La construcción de redes juega un rol valioso: conectan personas con grupos y a estos con colectivos, articulan esfuerzos individuales en grandes movimientos globales y construyen un vínculo entre tribus de personas conectadas con intereses compartidos.

Hoy el emprendimiento ocupa un lugar importante en la vida cotidiana en su rol de generador de oferta: desde la forma en que nos movemos y nos vestimos, hasta qué bebida tomamos y qué lentes de sol usamos.

El cambio puede venir tanto desde la generación de la oferta, impulsando a más empresas con esta mirada que emparenta su propósito con un impacto positivo, como desde la demanda, si somos consumidores conscientes de las consecuencias que genera aquello que compramos.

En el próximo capítulo analizaremos la importancia de la colectividad, los ecosistemas y la comprensión de que no somos seres aislados en el universo. Podemos ser parte de algo mucho más grande.

CAPÍTULO 13

EMPRENDER EN COMUNIDAD

Polinización cruzada
Innovación colaborativa
Beta, una comunidad abierta

as mejores ideas surgen en los espacios colectivos, producto de la unión del talento humano en pos de un resultado. El conjunto más cercano y pequeño es la tribu: la familia, el grupo primario.

De la unidad de las tribus surgen grupos ampliados, como empresas, gremios, asociaciones, redes. El objetivo de este capítulo es comprender la importancia de la cooperación, los ecosistemas, los socios estratégicos, que son los que finalmente hacen que nuestros sueños sean posibles, o más alcanzables.

Emprender en colectivo presenta ventajas que pueden ser decisivas para el futuro del proyecto. Como hemos visto, los ecosistemas facilitan el desarrollo de la empresa con conocimiento compartido en procesos, herramientas, e incluso fondos.

Hay un dicho muy potente que dice: «A veces es mejor estar juntos que estar de acuerdo». Como seres humanos somos especialistas en identificar las diferencias para separarnos. Por el contrario, debemos entender que la diversidad de culturas, realidades y pensamientos es saludable, es suelo fértil para que surja lo nuevo.

Polinización cruzada

Las abejas son especímenes fascinantes de la naturaleza. Cumplen un rol fundamental en el desarrollo del ecosistema, llevando polen de un lugar a otro. Un efecto diminuto, casi imperceptible y desconocido para un montón de personas, pero de un impacto fundamental, ya que hace florecer la vida.

De la misma forma, pertenecer a redes, grupos, barrios, centros comunitarios y espacios sociales nos permite interactuar con otras personas y generar una polinización cruzada de ideas que van y vienen. Las mejores de ellas perduran y se transmiten como un gen memético de contagio; así se construye cultura. Si estamos insertos en estos espacios accederemos a información, contactos, capacitaciones, formaciones y apoyo.

La cooperación suma, pero sobre todo multiplica. Si una persona tiene una naranja y otra una manzana y se las intercambian, al final del día cada individuo tiene una sola fruta. No obstante, si dos personas tienen una idea y se la comunican, cada uno tendrá dos ideas (o más). Eso es lo mágico de compartir conocimiento: se genera un círculo virtuoso multiplicador que saca lo mejor de cada persona si somos capaces de compartir sin esperar algo a cambio. Ese es el poder de la polinización cruzada y los procesos abiertos (*open source*). Un concepto similar, aunque a mayor escala, es la «innovación colaborativa».

Innovación colaborativa

Por lógica, siempre existirá mucho más talento libre en el mundo fuera de la organización que dentro de ella.

La digitalización del mundo y el crecimiento acelerado del trabajo desde casa por la pandemia del COVID-19 nos permite contar con talento que hubiera sido imposible tener de otra forma en términos de inversión y logística. Beta en general y este libro en particular están siendo desarrollados por ocho personas que desempeñan roles muy diferentes desde siete países distintos: Paraguay, México, Estados Unidos, España, Chile, Argentina y Perú. Y Beta es una *startup*, no una multinacional. Ni siquiera una empresa mediana. Pero supo aprovechar las ventajas de la polinización cruzada y entender que hoy el ecosistema es el mundo.

Si ampliamos la mirada, veremos un grupo más grande de facilitadores que aportan desde más de 25 ciudades del mundo al desarrollo de la herramienta Beta. Son personas a las que les atrae nuestro producto, que conectan con el propósito y colaboran desde el interés. Eso es la innovación colaborativa, un proceso mucho más potente que si estuviéramos encerrados en una oficina.

Para generar un impacto mayor es más productivo pertenecer a una comunidad que hacerlo solo. Repasemos algunos ejemplos de los grandes ecosistemas del mundo y sus resultados.

Silicon Valley es probablemente el ecosistema más famoso en el mundo del emprendimiento, sobre todo el tecnológico. Es un ámbito que a lo largo del tiempo supo reinventarse, desde la fiebre del oro en sus años iniciales, pasando por el desarrollo de chips (de ahí viene su nombre, valle de silicio), hasta convertirse en una de las capitales de desarrollo tecnológico más importantes del mundo. Tiene el ingreso per cápita más alto de Estados Unidos y uno de los más elevados del mundo.

Sin embargo, más allá de las universidades que se encuentran allí (Stanford y Berkeley) que son fuente de aprendizaje e innovación, según Vivek Wadhwa, un distinguido miembro de Harvard y de Singularity University, el secreto de Silicon Valley es la gente.

> ...en Silicon Valley ocurre una peculiar aglomeración de mentes creativas de todo el mundo, que llegan atraídas por el ambiente de aceptación a la diversidad étnica, cultural y hasta sexual. Nada menos que 53% de los residentes de Silicon Valley son extranjeros y muchos de ellos son jóvenes ingenieros y científicos chinos, indios, mexicanos y de todas partes del mundo, que encuentran allí un ambiente propicio para desarrollar sus ideas.
>
> (Fragmento publicado en Oppenheimer, Andrés. *¡Crear o morir!*, Penguin Random House Grupo Editorial, México).

Estos factores atraen a los grandes innovadores tecnológicos para establecerse allí. Silicon Valley es un gran ejemplo de cómo el ecosistema potencia el emprendimiento.

Hace varios años Israel decidió como política de Estado convertirse en un polo de desarrollo. Hoy se ha posicionado como un importante ecosistema de innovación tecnológica, transitando un camino similar al de Silicon Valley.

Gran parte de los últimos inventos de la agricultura, la alimentación y la salud vienen de este pequeño país de Medio Oriente que cambió en las últimas décadas su matriz económica, apostando por productos y servicios basados en el conocimiento.

Las empresas B son un ecosistema que opera no desde un territorio físico, sino como un movimiento global de empresas. Se trata de una red formada por emprendedores que integran este tipo de organizaciones de triple impacto, vinculados por una forma de pensar y actuar.

Cuando hablamos de ecosistemas solemos pensar en algo sofisticado, complejo, difícil. Sin embargo, los productores de yerba mate de la provincia argentina de Misiones también forman un ecosistema: se ayudan, colaboran y venden juntos sus productos. Eso también sucede con la minería en Chile y en los centros de pescadores de Perú. En todos los casos se trata de personas, organizaciones y entidades que colaboran de alguna manera para alcanzar un bien común.

Los *coworkings* son ecosistemas de trabajo que han crecido exponencialmente en los últimos años. Se basan en el uso compartido de un mismo espacio por parte de distintas empresas, que en este caso terminan convirtiéndose en ecosistemas asentados en ciertos barrios o puntos estratégicos de la ciudad. La tendencia actual es que nuestro espacio de trabajo esté lo más cerca posible de nuestro hogar y área de vida.

Beta también es un ecosistema que, de alguna manera, vincula y reúne a personas conectadas con el emprender más fácil y mejor, con las ideas que venimos desarrollando en este libro. Es una comunidad global, abierta y en construcción. Si lo que leíste en este libro te movió y crees que es un espacio potente para reflexionar sobre el emprendimiento, esta comunidad tiene un lugar para ti.

Beta, una comunidad abierta

Beta Cards es una herramienta que permite a las personas crear la hoja de ruta de un proyecto, de una manera simple y lúdica, con el fin de estructurar la idea y convertirla en un prototipo viable; ayuda a dar forma rápida a una idea para salir a probarla y validarla.

En formato de juego de cartas, Beta está diseñada para que personas formadas en la metodología (facilitadores) puedan allanar el proceso a aquellos que quieren emprender.

La metodología utiliza tarjetas codificadas con información y colores que ayudan a un proceso ágil y dinámico en el que se pasa por diferentes «mundos» (áreas esenciales en el diseño del proyecto) y paradas. A través de ejercicios de elegir, completar y combinar se busca mapear el proyecto y descubrir nuevas perspectivas con ayuda de las tarjetas y de la asistencia de la persona que facilita el taller.

«Hay que animarse a soñar y los pequeños errores ayudan, porque se pueden hacer grandes hallazgos con riesgos mínimos», esa es la consigna.

¿Qué significa emprender mejor?

Entendiendo todo lo que vimos juntos a lo largo de este libro, los grandes cambios que venimos experimentando como humanidad, los avances de la tecnología, los cambios de comportamiento en el consumo, los retos globales presentes y muchos otros factores que inciden en el emprendimiento, creemos que emprender mejor es poder visionar, diseñar y construir empresas pensadas para este nuevo contexto, que funcionen en esta nueva normalidad. Empresas flexibles al cambio pero al mismo tiempo sólidas en su compromiso con el ecosistema donde operan, empresas firmemente vinculadas a un propósito transformador, que aprovechan la tecnología disponible y priorizan a las personas por sobre todas las cosas.

En su metodología, Beta plasma los conceptos, teorías y herramientas más actuales, validadas y preparadas para construir mejores organizaciones, y las pone al servicio de las personas con ganas de emprender mejor.

Emprender mejor también significa poner en acción las ideas con un propósito como rumbo y un triple impacto como motor, teniendo al usuario en el centro y proponiendo valor desde el inicio.

Emprender mejor es tener valores innegociables con los retos globales como horizonte. Con un modelo de negocio claro, entendiendo el intercambio de valor con clientes, proveedores y aliados.

Emprender mejor es tener a la tecnología como aliada de impacto exponencial, con personas comprometidas que se organizan a través de principios de gobernanza que responden al contexto.

¿Cómo puedo emprender mejor con Beta?

Con nuestro propósito como rumbo creamos diferentes modelos y formas de acceder a la metodología:

Beta Acción Global

Beta Acción Global surgió en mayo de 2020 como respuesta a un contexto en el que los efectos económicos, sociales y culturales del COVID-19 obligaron a varios emprendimientos a adaptarse. En esa primera edición vimos que los cambios impuestos por la pandemia iban más allá y a lo largo de los siguientes meses nos dimos cuenta de que ya estamos viviendo en una nueva realidad.

Por eso Beta Acción Global, un evento gratuito y abierto a todas las personas que quieran iniciar el viaje del emprendimiento, vino para quedarse. La comunidad de Beta Cards responde a los desafíos que enfrentamos en Latinoamérica poniendo a disposición nuestra metodología y a personas certificadas para acompañar un proceso ágil de descubrimiento y aprendizaje.

Puedes inscribirte en la siguiente edición en: beta.cards/accion

Talleres

Los facilitadores y las organizaciones certificados de Beta Cards proveen talleres a personas o empresas interesadas en conocer y aplicar la metodología. Los talleres tienen una duración aproximada de 3 horas con un procedimiento y herramientas, pero queda a criterio de cada facilitador hacer ajustes al método según su experiencia como consultor del proceso.

Pide un taller en: beta.cards/pedir-un-taller

Adquiere las tarjetas

Si quieres utilizar las tarjetas en proyectos personales o para tenerlas a mano durante tu camino de emprendimiento, también puedes adquirir los juegos de tarjetas.

Completa este formulario de prerregistro para adquirirlas: beta.cards/tarjetas

Postúlate para ser facilitador

¿Te gustaría ayudar a otras personas a emprender mejor? ¿O quizás te interesa la metodología para utilizarla con procesos de innovación y diseño con tus clientes? Uno de los roles más importantes es el de las personas facilitadoras, a quienes consideramos una extensión del equipo central de Beta Cards.

Para ello se realiza un proceso de certificación en el que se explora la metodología y el proceso de facilitación, para que puedas sumar una herramienta más a tus procedimentos de acompañamiento, exploración o construcción de ideas.

Postúlate para certificarte como facilitador de Beta Cards: beta.cards/certificacion

Creemos en el poder del buen emprendimiento como agente de transformación, por eso seguimos trabajando para democratizar herramientas para emprender mejor, ¿te sumas?

Conclusión

Durante mucho tiempo tuvimos la oportunidad de elegir cómo emprender. El mundo en que vivimos nos exige una mirada diferente. No solo como emprendedores, sino también como consumidores, ciudadanos, referentes sociales o dirigentes políticos. Como parte de una comunidad global.

Esto puede sonar muy grande y, en el peor de los casos, paralizarnos. Caer en la idea de que no se puede hacer nada para cambiar las cosas. Por el contrario, elijo creer en la capacidad del ser humano para elegir mejor. En nuestras habilidades para reinventarnos, para superarnos. Veamos la historia: salimos de las cavernas y hoy estamos explorando el espacio exterior.

Los hechos más grandes del mundo fueron una suma enorme de pequeñas acciones minúsculas que debemos valorar. En este sentido, tu acción es tremendamente valiosa y necesaria. El mundo nos pide que demos ese paso, ese granito de arena que contribuya a una transformación global. Así, el día de mañana podremos decir que dimos lo mejor de nosotros para llegar adonde llegamos. Aun si fracasamos.

Existen muchas áreas y herramientas para aportar a este cambio: el arte, la cultura, la política. En este caso, el emprendimiento. A través de él, aprendí a materializar algunos de mis sueños.

Como reflexión final también me gustaría invitarte a vivir el emprendimiento desde el desapego, aprendiendo a soltar las emociones o lealtades con las ideas cuando llega el momento de dejar ir o probar otras cosas.

A veces es duro dejar ir años de esfuerzo y trabajo, pero ese camino siempre habrá significado aprendizaje y nuevas herramientas para usarlas en próximos emprendimientos. Finalmente, de esto se trata tener una cultura de mejora continua, y es algo que está ligado al mismo flujo de la vida.

Es el final de este recorrido, pero el comienzo del tuyo. Estás parado en un lugar único de la historia y puedes ver el futuro de una manera diferente. Deseamos que este libro te haya aportado pistas, ideas, herramientas para seguir tu camino de emprender. En tu empresa, tu comunidad, o el mundo, ¿en qué equipo quieres estar? ¿En los que miran los cambios o en los que lo van a construir?

Como remarcamos en varios pasajes de este libro, cuando «creer» y «crear» se conjugan en primera persona del presente ambas se convierten en la misma palabra: «creo». Lo que tú puedas creer es lo que podrás crear. Sal a probar.

Emprender con eficiencia, conciencia y libertad.

Sobre el autor

Rodrigo Weiberlen es emprendedor y cofundador de Beta (Beta.cards). Consultor en áreas de negocios y emprendimiento con enfoque de innovación desde miut.company, donde con un grupo de profesionales se proponen y trabajan en moldear empresas para el futuro.

Cofundador y director de ICON, un *holding* de empresas de economías creativas que integra, Oniria/TBWA, Brandon, VientoSur. Cofundador de Arca, Koga, Loffice. También de otros tantos intentos que quedaron en el camino.

Miembro de los Consejos Consultivos de Unicef, Teletón y Sonidos de la Tierra. Miembro del Equipo Nacional de Estrategia País (ENEP), con carácter *ad honorem*.

Ambassador de SingularityU Asunción Chapter durante varios años y miembro de la comunidad de ExO Lever.

Socio fundador y presidente del Círculo de Creativos del Paraguay (2005-2006), presidente de la Asociación Paraguaya de Agencias de Publicidad (2014-2015).

Impulsor de la Federación de Industrias Creativas (FIC). Socio fundador de la Asociación de Emprendedores de Paraguay (ASEPY) y de la Red de Inversión Ángel - Paraguay.

Las empresas del *holding* ICON componen uno de los grupos creativos más premiados de Paraguay, tanto en galardones nacionales como internacionales, entre ellas el Festival de Cannes en Francia.

NOTAS

B

NOTAS

B

NOTAS

B

NOTAS

B

NOTAS

B

NOTAS

β

NOTAS

B